国 务 院 研 究 室 调 研 成 果 选

黄守宏 / 主编

中国经济社会发展
形势与对策（2021）

确保实现脱贫攻坚目标
促进农业丰收农民增收

中国言实出版社

图书在版编目（CIP）数据

2021 中国经济社会发展形势与对策 . 确保实现脱贫攻坚目标
促进农业丰收农民增收 / 黄守宏主编 .
-- 北京：中国言实出版社 , 2021.12

ISBN 978-7-5171-3978-2

Ⅰ . ① 2… Ⅱ . ①黄… Ⅲ . ①中国经济 – 经济发展 – 调查研究 – 2021
②扶贫 – 研究 – 中国 – 2021 Ⅳ . ①F124②F126

中国版本图书馆 CIP 数据核字（2021）第 267204 号

中国经济社会发展形势与对策（2021）
确保实现脱贫攻坚目标　促进农业丰收农民增收

出 版 人：王昕朋
责任编辑：曹庆臻
责任校对：李 岩

出版发行：中国言实出版社
　　　　　地　　址：北京市朝阳区北苑路180号加利大厦5号楼105室
　　　　　邮　　编：100101
　　　　　编辑部：北京市海淀区花园路6号院B座6层
　　　　　邮　　编：100088
　　　　　电　　话：64924853（总编室）　 64924716（发行部）
　　　　　网　　址：www.zgyscbs.cn　E-mail：zgyscbs@263.net

经　　　销：新华书店
印　　　刷：徐州绪权印刷有限公司
版　　　次：2022年1月第1版　　2022年1月第1次印刷
规　　　格：710毫米×1000毫米　1/16　12印张
字　　　数：135千字

定　　　价：58.00元
书　　　号：ISBN 978-7-5171-3978-2

本书编委会

主　任：黄守宏

副主任：陈祖新　向　东

　　　　孙国君　肖炎舜

编　委：（以下按姓氏笔画排序）

　　　　王汉章　王昕朋　王胜谦　牛发亮

　　　　朱艳华　乔尚奎　刘日红　李攀辉

　　　　宋　立　张顺喜　侯万军　姜秀谦

CONTENTS | **目录**

1

二、促进农业农村发展

三、拓展农民就业增收渠道

关于推动高质量发展的若干问题

（代　序）

黄　守　宏

党的十九大作出我国经济发展已由高速增长阶段转向高质量发展阶段的重大判断。党的十九届五中全会明确"十四五"时期经济社会发展要"以推动高质量发展为主题"。习近平总书记就推动高质量发展发表一系列重要讲话，明确了推动高质量发展的根本目的、重点任务、主攻方向、战略战术、重大原则、实现途径，为推动高质量发展指明了方向，提供了根本遵循。

一、为什么要推动高质量发展

"十四五"时期经济社会发展要以推动高质量发展为

主题，这是党中央根据我国发展阶段、发展环境、发展条件变化作出的重大决策部署，具有重大现实意义和深远历史意义。

第一，推动高质量发展，是保持经济持续健康发展的需要。改革开放以来，我国经济保持快速增长，经济总量由 1978 年居世界第 11 位跃居世界第 2 位，占世界经济的份额由不到 2% 提高到 2020 年 17% 以上，从低收入国家进入中上等收入国家行列，创造了经济持续快速发展的世界奇迹。目前我国发展仍处于重要战略机遇期，继续发展具有多方面优势和条件，但面临结构性、体制性、周期性问题交织叠加的挑战，长期支撑我国发展的各方面条件发生重大变化，过去主要依靠资源、资本、劳动力等要素投入来支撑经济增长和规模扩张的方式已不可持续，发展正面临着动力转换、方式转变、结构调整的繁重任务。资源环境约束在加剧，要素成本在上升，劳动生产率不高。2020 年，我国全员劳动生产率为 11.8 万元 / 人，约 1.71 万美元 / 人，相当于世界平均水平的 70%、经合组织国家平均水平的 1/5、美国的 1/7。我国经济社会发展中的矛盾和问题集中体现在发展质量上。只有坚持质量第一、效益优先，加快转变发展方式、优化经济结构、转换增长动力，以更少的资源要素投入、更少环境代价取得更多的产出、更高的效益，才能推动经济行稳致远。

第二，推动高质量发展，是适应我国社会主要矛盾变化的需要。不同历史时期、不同发展阶段社会的主要矛盾不同，发展的任务、着力点、主攻方向也不同。自党的八大以来，我们一直讲，我国社会主要矛盾是"人民日益增长的物质文化需要同落后的社会生产之间的矛盾"。经过几十年的不懈努力，我国社会生产力有了历史性飞跃，人民生活水平显著提高。党的十九大作出一个重大判断，就是"我国社会主要矛盾已经转化为人民日益增长的美好生活需要和不平衡不充分的发展之间的矛盾"。实现全面建成小康社会目标后，人民群众对美好生活的向往更加强烈，期盼有更好的教育、更稳定的工作、更满意的收入、更可靠的社会保障、更高水平的医疗卫生服务、更舒适的居住条件、更优美的环境、更丰富的精神文化生活。与这些要求相比，我国发展不平衡不充分问题更加凸显出来。比如，农村发展相对缓慢，部分中高端产品供给不足，基础设施和公共服务有不少短板，一些地区生态环境恶化。解决这些问题，归根到底要靠高质量发展，以更加平衡、更加充分、更加全面的发展满足人民美好生活需要。

第三，推动高质量发展，是应对错综复杂国际环境、塑造我国国际经济合作和竞争新优势的需要。改革开放以来，我们打开国门，积极扩大对外贸易、引进外资、开展对外投资，形成了国际合作与竞争优势，有力促进了我国经济发展。当今世界正经历百年未有之大变局，我国发展的国际环境发生重大变化。一方面，和平与发展仍是时代主题，新一轮科技革命和产业变革深入发展，我国参与国际经济合作有机遇和空间。另一方面，世界进入动荡变革期，不稳定性不确定性明显增加，特别是新冠肺炎疫情仍在持续、影响广泛深远，经济全球化遭遇逆流，保护主义加剧，美国持续对我进行打压阻遏。外部环境复杂严峻已经成为我国发展面临的最大不确定因素，我国科技创新、产业链供应链稳定、外贸外资发展受到制约。现在我国产业总体上仍处于国际分工产业链、价值链中低端，发展面临着发达国家和发展中国家的"两面夹击"，"两头在外、大进大出"的发展模式已难以持续。应对外部环境变化带来的冲击挑战，关键在于办好自己的事，加快提高发展质量，推动产业链、供应链向国际中高端迈进，让"中国制造"转变为"中国创造""中国智造"，形成更多具有不可代替性的产品和技术，加快培育国际合作与竞争新优势。

第四，推动高质量发展，是深入防范化解重大风险的需要。"十四五"时期是我国跨越中等收入陷阱的关键阶段，也是各类风险易发多发阶段。仅就经济方面的风险隐患而言，就有多方面的。从国内看，部分地区债务风险加大，企业债券违约率、金融机构不良资产率升高，还有房地产价格上涨风险等。从外部看，国际金融市场、大宗商品价格波动加剧，对我国发展带来冲击和影响。特别是我国重要能源原材料对外依存度不断提高，缺乏定价权，蕴含着很大的风险。目前，我国石油、天然气对外依存度分别超过70%、40%，铁矿石、镍矿、铜精矿对外依存度约80%，铝土矿超过50%，而且能源原材料进口来源集中度高。深入防范化解重大风险，是"十四五"时期经济社会发展必须跨越的关口。只有推动高质量发展，才能有效减少风险隐患产生和累积，增强经济社会抵御各种冲击的能力和韧性，实现安全发展。

二、什么是高质量发展

坚持以推动高质量发展为主题，需要正确认识和把握高质量发展的深刻内涵、核心要义、实践要求，使各地区各部门推动高质量发展始终沿着正确的方向前进，防止出现大的偏差，不断开创经济社会高质量发展新局面。对此，习近平总书记作出了深刻阐述，我们要全面学习领会、认真贯彻执行。

习近平总书记指出，"高质量发展，就是能够很好满足人民日益增长的美好生活需要的发展，是体现新发展理念的发展，是创新成为第一动力、协调成为内生特点、绿色成为普遍形态、开放成为必由之路、共享成为根本目的的发展"，"更明确地说，高质量发展，就是从'有

5

没有'转向'好不好'"，"推动高质量发展，关键是要按照新发展理念的要求，以供给侧结构性改革为主线，推动经济发展质量变革、效率变革、动力变革"。根据习近平总书记重要论述，我们在认识高质量发展方面要注重把握好以下几点。一是完整、准确、全面贯彻新发展理念。我国虽已成为全球第二大经济体，但目前人均GDP仍排在世界80位左右，仍然是世界上最大的发展中国家，发展仍然是我们党执政兴国的第一要务。必须强调的是，新时代新阶段的发展必须贯彻新发展理念，必须是高质量发展。理念是行动的先导，发展理念从根本上决定着发展方式和成效。过去我们重速度、重规模，强调的是以国内生产总值（GDP）增长快慢、高低论英雄。我们现在提出高质量发展，强调的是注重发展的质量和效益。党的十八届五中全会首次提出并全面阐释了新发展理念，即创新、协调、绿色、开放、共享，党的十九大把坚持新发展理念确立为新时代坚持和发展中国特色社会主义的基本方略之一。"十四五"时期推动高质量发展，要求把新发展理念一以贯之地贯彻到全面建设社会主义现代化国家的全过程和各领域。二是坚持以深化供给侧结构性改革为主线。制约我国高质量发展的因素主要是供给侧、结构性的。推动高质量发展，必须深化供给侧结构性改革，用改革创新的办法推进结构调整，减少无效和低端供给，扩大有效和中高端供给，增强供给结构对需求变化的适应性和灵活性，提高全要素生产率。以推动高质量发展为主题，明确了经济社会发展的"靶心"，瞄准"靶心"才能走对路子；以深化供给侧结构性改革为主线，明确了经济社会发展的"纲"，"纲举"才能"目张"。三是扎实推进共同富裕。习近平总书记指出，共同富裕是中国特色社会主义的根本原则，实现共同富裕是我们党的重要使命；我们推动经济社会发展归根结底是要实现全体人民共同富裕。改革开放以来，随着经济持续快速发展，全国人民生活水平普遍都有很大的提高，但由于多种原因，城乡区域发展和居民收入分配差距依然较大。党的十八大以来，以习近平同志为核心的党中央在促进区域协调发展、完善收入分配制度等方面采取一系列重大举措，城乡区域发展的协调性平衡性增强，中西部地区经济增长速度快于东部地区，农民收入增长快于城镇居民，城乡居民人均可支配收入比值由 2012 年的 2.88：1 降至 2020 年 2.56：1。促进全体人民共同富裕是一项长期任务，但随着我国全面建成小康社会、开启全面建设社会主义现代化国家新征程，我们必须把促进全体人民共同富裕摆在更加重要的位置，脚踏实地，久久为功。我们要在高质量发展中推动共同富裕取得更为明显的实质性进展，既要把蛋糕做大，更要把蛋糕分好，使发展成果更好惠及全体人民。

　　针对推动高质量发展过程中存在的一些认识和实践

上的问题，习近平总书记 2021 年 3 月 7 日在十三届全国人大四次会议青海代表团会议上，又就高质量发展作出最新论述，提出三条明确要求：高质量发展不只是一个经济要求，而是对经济社会发展方方面面的总要求；不是只对经济发达地区的要求，而是所有地区发展都必须贯彻的要求；不是一时一事的要求，而是必须长期坚持的要求。习近平总书记的这些要求，为推动高质量发展进一步指明了方向。

三、怎样推动高质量发展

党中央强调，要立足新发展阶段、贯彻新发展理念、构建新发展格局，这就明确了推动高质量发展的基点、理念、路径和重点。

（一）依靠创新全面塑造发展新优势

创新是引领发展的第一动力。在新中国成立以来特别是改革开放以来科技事业取得长足进步的基础上，党的十八大以来，在以习近平同志为核心的党中央坚强领导下，我国科技事业发展取得历史性成就，重大创新成果竞相涌现，一些前沿领域开始进入并跑、领跑阶段，有力促进了经济社会持续健康发展。2020 年世界知识产权组织发布的全球创新指数显示，我国排名从 2015 年的第 29 位跃升到第 14 位，是前 30 位中唯一的中等收入经济体。同时，我国科技创新总体水平与世界发达国家还有差距，一些关键核心技术受制于人的问题日益突出，创新能力不适应高质量发展和安全发展的要求。当前我国科技实力正处于从量的积累向质的飞跃、点的突破向系统能力提升的重要时期，经济社会发展和民生改善比过去任何时候都更加需要科学技术提供解决方案，都更加需要增强创新这个第一动力。我们必须坚持创新在我国现代化建设全局中的核心地位，把科技自立自强作为国家发展的战略支撑，面向世界科技前沿、面向经济主战场、面向国家重大需求、面向人民生命健康，深入实施创新驱动发展战略，完善国家创新体系，加快建设科技强国。

实现科技自立自强，要坚定不移走中国特色自主创新道路。过去，我们可以充分发挥后发优势、主要依靠引进消化吸收再创新。我们发展到现在这个阶段，别人把我们视为"战略对手"，关键核心技术是要不来、买不来、讨不来的，即使卖给你，也可能漫天要价，随时会断供。作为大国，科技如果不能自立自强，永远不会成为强国。

走中国特色自主创新道路，必须充分发挥新型举国体制的优势。过去我国在极端困难的条件下依靠举国体制，搞出来"两弹一星"，为我国成为一个有世界影响的大国奠定了重要基础。现在我们要继续发扬"两弹一星"

精神，敢于攻坚克难。同时，时代发展了，在新的历史条件下新型举国体制不是简单复制过去、回到过去，而是要充分发挥社会主义集中力量办大事的优势，充分发挥市场机制作用，打好关键核心技术攻坚战。

第一，要强化国家战略科技力量，整合优化科技资源配置、提高创新效率。在较短时间内要想掌握核心技术，必须强化国家战略科技力量。我国有 3200 多所研发机构、近 3000 所普通高校、500 多个国家重点实验室，还有数量众多的科技型企业，主要问题是长期以来这些机构之间科技人才、科研设施等存在着布局分散、自我封闭的"孤岛"现象，往往各自为战，研究项目交叉、低水平重复，科技成果与产业脱节，丰富的创新资源没有充分发挥应有作用。党中央提出强化国家战略科技力量，就是要通过组建国家实验室、国家重点实验室、国家技术创新中心等，打造交流合作平台，推动各类创新资源的统筹、整合、开放、共享、协同，形成推动关键核心技术攻关的合力。抗疫期间的科研攻关，就是集中国家战略科技力量打硬仗、打大仗、打胜仗的一个生动实践，既发挥了"双一流"高校、中央科研单位、国有企业等"国家队"作用，又吸引科技型民营企业广泛参与。7 天内分离出新冠病毒毒株，14 天完成核酸检测试剂研发和审批上市，多款疫苗及时附条件上市。试想一下，如果我们没能第一时间发明检测试剂、在疫苗研发中进入世界"第一方阵"，将会是多么被动的局面！

第二，要发挥企业的创新主体作用，推动产学研深度融合。科研和经济"两张皮"、科技成果转化率低是我国科技体制的痼疾，科技创新很大一部分还是停留在实验室里的研究，没有转化为推动经济社会发展的现实动力。解决这一问题，一个重要方面是支持企业进一步重视研发、加大研发投入。与发达国家和国际领军企业相比，我国企业研发投入强度（研发投入占营业额的比重）偏低，创新能力总体不强。欧盟联合研究中心近期发布报告称，中国企业研发投入强度为 3.3%，远低于美国的7.1%，也低于欧盟的 3.9% 和日本的 3.6%。欧盟委员会发布的《2020 全球企业研发投入排行榜》显示，2020 年研发投入前 50 名企业，美国有 21 家，中国仅有 3 家。企业研发投入占全国总研发投入的 75% 左右，由于企业研发投入增速低，导致国家"十一五""十二五""十三五"规划《纲要》设置的研发经费投入强度预期指标均未实现。我国研发投入规模居世界第二，但研发投入强度低于主要发达国家。2019 年，我国研发投入强度约为2.2%，日本为 3.28%，美国为 2.84%，德国为 2.99%。

激励企业加大研发投入，最公平、最有效的办法是采取普惠性支持政策。近年来，国家将企业研发费用加计扣除比例逐步提高到 75%，2021 年又将制造业企业研发费用加计扣除比例提高至 100%，预计可在 2020 年减税 3600 多亿元基础上，再为企业新增减税 800 亿元。国有企业特别是央企的创新资源丰富，要完善考核评价机制，强化创新能力考核，增加研发投入及科技成果产出和转化在国企负责人业绩考核中的权重，加大创新激励力度。

第三，要加强基础研究，夯实科技创新的根基。基础研究是科技创新的源头和先导。我国基础研究虽然取得显著进步，但同国际先进水平的差距还是明显的。我国面临的很多"卡脖子"技术问题，根子是基础研究跟不上，源头和底层的问题没有搞清楚。按照党中央要求，有关方面正抓紧制定实施基础研究十年行动方案，明确我国基础研究领域发展方向和目标，重点布局一批基础学科研究中心。目前我国基础研究投入占研发投入的比重刚超过 6%，而发达国家通常在 15%—25%。要加快健全基础研究稳定支持机制，拓宽基础研究经费渠道，推动基础研究经费投入占研发经费投入比重提高到 8% 以上。基础研究具有长期性和不确定性。对基础研究，无论是热门的还是冷门的，都要保证充足的经费投入、先进的科研条件，使科研人员能够心无旁骛进行研究。目前，对高校和科研院所的经费支持方式还是以竞争性经费为主，科研人员报项目、争经费不仅要花费大量时间，而且容易引导他们做"短平快"研究。近 20 年来，日本有 19 个诺贝尔奖获得者，一个重要原因在于其对科研人员稳定性研究经费的保障，国立大学中有21%的研究人员经费全部来自于稳定经费，私立大学中这一比例更是高达40%。我们要完善符合基础研究规律的投入机制，加大长期稳定支持力度。科技创新需要积累，不能简单设定两年、三年的硬指标，这跟抓经济工作特别是工程建设项目不一样。硬要定时间指标，研发出的成果要么不真实、要么不管用。基础研究是个"慢变量"，要保持定力和耐心，不能急于求成。要建立健全符合科学规律的评价体系和激励机制，对自由探索、长期探索的基础研究实行长周期评价机制，创造有利于基础研究的良好科研生态，让科研人员以"十年磨一剑"的精神自由探索、厚积薄发，努力有更多科学发现和发明创造。

第四，要大力推进科技体制改革，为科研人员减负松绑。科技创新的核心是人，科技体制改革就是要充分调动科研人员积极性。我国拥有世界上最大规模的科技人才队伍，只要把他们的积极性调动起来，就能多出成果、出大成果。关于给科研人员减负松绑的问题，政策文件出了不少，但落实情况还不理想。现在科研人员普遍反映工作时间长，但每天的有效科研时间却并不多、甚至有的不足4小时，大量时间仍然被填表、报销等琐事占用。现在要抓好科技体制改革相关政策的落实，特别是赋予高校、科研机构更大自主权和赋予创新领军人才更大技术路线决策权和经费支配权两项政策。落实科技攻关"揭榜挂帅"等制度，在更多领域把需要攻克的重大项目张出榜来，谁有本事谁就揭榜。

评价机制是科技创新的重要"指挥棒"，要发挥好导向作用。很多科研人员反映，目前科技评奖过多过滥，"帽子满天飞"的问题仍然存在，容易滋生浮躁心态。有关方面统计，我国目前有各级各类上万个科技奖项，有的大学设立了20多个奖项，各类学会也纷纷设奖。因为奖项、"帽子"等都与资源挂钩，可以拿到项目、进而拿到经费。要改革科技评价机制，坚决破除"唯论文、唯职称、唯学历、唯奖项"，健全以创新能力、质量、实效、贡献为导向的科技人才评价体系，使科技奖项等回归激励创新的本质，让科研人员不为参评报奖所扰、不为"帽子"头衔所困，潜心于科学研究。

（二）加快发展现代产业体系

产业是经济发展的基础。我国产业体系完备、配套能力强，目前我国是全球唯一拥有联合国产业分类中全部工业门类的国家，但总体上产业大而不强、大而不优，处于全球产业链中低端，对全球资源的整合和控制能力不足，能够掌控产业链核心环节、主导产业链生态的企业不多，大量企业仍在拼成本、做配套，很多产品附加值不高，挣的是辛苦钱。比如，我国小轿车出口平均价格为进口小轿车的1/4，数控机床出口均价为进口数控机床的1/15。产业基础能力不强、产业链水平不高已经成为我国经济和产业高质量发展的突出软肋。《中共中央关于制定国民经济和社会发展第十四个五年规划和二〇三五远景目标的建议》（以下简称"十四五"规划《建议》）提出，坚持把发展经济着力点放在实体经济上，推进产业基础高级化、产业链现代化，推动产业向中高端迈进，提高经济质量效益和核心竞争力，增强发展后劲。

一是推动制造业优化升级。制造业是国民经济的骨干支撑，是技术进步和生产率提升最快的产业，国际竞争主要体现在制造能力和水平的竞争。2010年我国制造业增加值超过美国、成为世界第一制造大国。目前我国制造业增加值占世界的比重为30%左右，相当于美、德、日三国总和。一个时期以来，由于多种因素影响，我国制造业投资增速降低，制造业比重持续下降，从2006年32.5%的峰值降至2019年的27.2%。我国进入工业化中后期，制造业比重下降有其客观规律性，但存在的问题是，制造业比重下降幅度过快过早。与发达经济体相比，我国在制造业的就业份额和制造业的产值份额触顶回落时，人均收入水平较低。美国、日本、德国分别是在人均GDP达到2万美元时制造业比重下降，而我国2006年人均GDP仅为3000多美元。制造业比重的过早过快下降会带来很多问题，包括导致产业空心化、拖累整体生产率增速等。以习近平同志为核心的党中央高度重视制造业发展。2021 年 4 月 26 日，习近平总书记在广西柳工集团有限公司考察调研时强调，制造业高质量发展是我国经济高质量发展的重中之重，建设社会主义现代化强国、发展壮大实体经济，都离不开制造业，要在推动产业优化升级上继续下功夫。我们要按照习近平总书记的要求，落实和完善财税、技改等支持政策，扩大制造业中长期贷款、信用贷款规模，推动股权投资、债券融资等向制造业倾斜，加快改造提升传统产业，鼓励企业应用先进适用技术、加强设备更新和新产品规模化应用。推动互联网、大数据、人工智能等同制造业深度融合。加快发展先进制造业，开展先进制造业集群发展专项行动。完善和强化促进制造业高质量发展的政策体系。

二是促进战略性新兴产业持续健康发展。战略性新兴产业代表未来科技和产业发展方向。这些年，我国战略性新兴产业发展很快，成为国民经济中最有活力、最具增长潜力的部分。比如，新能源发电装机量、新能源汽车产销量、海洋工程装备接单量等均位居全球第一，在新一代移动通信、核电、高铁、互联网应用、基因测序等领域均具备世界领先的研发水平和应用能力。同时，战略性新兴产业也出现了低水平重复建设问题。比如在集成电路、新能源汽车等领域，各地一涌而起、一哄而上，出现了一批"烂尾"项目。有的地方政府甚至直接投入资本金，造成国有资产损失。据有关机构统计，超过 20 个地方政府规划布局打造锂离子电池产业集群，部分达到百亿级甚至千亿级规模。从国家战略全局出发，我们要继续发展壮大战略性新兴产业，加快谋划布局新一代信息技术、生物技术、新能源、新材料等产业。在这个过程中要尊重市场规律、产业发展规律，加强规划引导，防止一哄而上和低水平重复建设。

（三）全面实施乡村振兴战略

农为邦本，本固邦宁。党的十八大以来，农业农村发展取得历史性成就，新时代脱贫攻坚目标任务如期完成，农村同步实现全面建成小康社会目标。习近平总书记指出，从中华民族伟大复兴战略全局看，民族要复兴，乡村必振兴；脱贫攻坚取得胜利后，要全面推进乡村振兴，这是"三农"工作重心的历史性转移。要坚持把解决好"三农"问题作为全党工作重中之重，走中国特色社会主义乡村振兴道路，全面实施乡村振兴战略，加快农业农村现代化。

第一，着力保障国家粮食安全和重要农产品供给。解决好十几亿人口的吃饭问题，始终是头等大事。习近平总书记高度重视粮食安全，反复强调要确保中国人的饭碗任何时候都要牢牢端在自己手上，饭碗应该主要装中国粮。我国粮食产量连续 6 年保持在 1.3 万亿斤以上，重要农产品供给总体充裕。同时也要看到，保障粮食安全的风险挑战在增加。我国人均耕地 1.4 亩、不到世界平均水平的一半且不断在减少，人均水资源不到世界平均水平的四分之一，干旱洪涝等气象灾害频发，动植物疫病多发。粮食产需结余省从 2005 年的 14 个降到 2019 年的 10 个，能够成规模调出的只有 8 个省份。部分品种产需缺口较大，主要依赖进口。目前，我国油料总体自给率为 31%，大豆进口 2020 年首超 1 亿吨、自给率仅 16%，玉米产需缺口逐步扩大。历史经验表明，受多种因素影响，农业生产掉下去容易、提上来难。在粮食和重要农产品供给方面，不能光算经济账、不算政治账，光算眼前账、不算长远账，否则就要出大问题。2020 年中央农村工作会议上，习近平总书记明确提出，粮食安全要实行党政同责，"米袋子"省长要负责，书记也要负责。这就进一步强化了地方党委、政府维护国家粮食安全的责任。要落实最严格的耕地保护制度，坚决遏制耕地"非农化"、严格管控"非粮化"，始终守住 18 亿亩耕地红线，确保永久基本农田面积稳定并重点用于粮食生产特别是口粮生产。农以种为先。目前我国种子大量进口，部分蔬菜种子、种畜禽主要依赖进口，要打好种业翻身仗，努力实现核心种源自主可控。要加快推进农业关键核心技术攻关，补上烘干仓储、冷链保鲜、农业机械等现代农业物质装备短板。我们必须始终立足自身抓好农业生产，以国内稳产保供的确定性来应对外部环境的不确定性。

第二，推动乡村振兴战略落地见效。今后一个时期，是我国乡村形态快速演变的阶段，建设什么样的乡村、怎样建设乡村，是摆在我们面前的重要课题。实施好乡村建设行动，要注重把握三点。一是科学规划，充分考虑农村人口变动因素，遵循乡村发展建设规律，合理确定村庄布局分类，突出乡村特色、风貌，保护传统文化，不能把乡村搞成缩小版的城市。二是继续把公共基础设施建设的重点放在农村，在推进城乡基本公共服务均等化上持续发力。三是尊重群众意愿，发挥农民主体作用。一些地方在乡村建设、农村人居环境整治中不从实际出发，不顾农民意愿，搞官僚主义、形式主义，把民生工程建成"失心工程"，必须予以纠正。要坚持因地制宜推进乡村建设，真正为农民而建，把好事办好、把实事办实。

第三，巩固拓展脱贫攻坚成果。脱贫摘帽不是终点，而是新生活、新奋斗的起点。我们要看到，守住脱贫攻坚成果并不断拓展的任务还很艰巨。脱贫群众总体上收入水平不高，2020 年建档立卡户人均年收入 1 万元，仅是农民平均收入的 60%。脱贫地区新发展的产业还不稳固，县级财政支出 80% 以上靠上级转移支付。要做好巩固拓展脱贫攻坚成果同乡村振兴有效衔接，健全防止返贫动态监测和帮扶机制，对易返贫致贫人口及时发现、及时帮扶，坚决守住不发生规模性返贫底线。要落实后续帮扶机制，在政策上、资金上、机制上等继续给予脱贫地区和脱贫人口以支持，坚持和完善东西部协作和对口支援机制，发挥中央单位和社会力量帮扶作用，支持脱贫地区增强内生发展能力。

（四）推进区域协调发展和新型城镇化

改革开放以来特别是党的十八大以来，区域协调发展取得显著成效，中部、西部地区生产总值占全国比重分别由 2012 年的 20.2%、19.8% 上升到 2020 年的 22%、21.1%，与东部地区的发展差距不断缩小。同时出现了一个新问题，就是南北分化渐趋明显。这从大城市的数量变化中可见一斑。按经济总量排名，1978 年全国前十大城市中南方有 4 个（包括上海、重庆、广州、武汉）、北方有 6 个（包括北京、天津、长春、哈尔滨、沈阳、大连），2020 年前十大城市中南方有 9 个（包括上海、深圳、广州、重庆、苏州、成都、杭州、武汉、南京）、北方有 1 个（即北京）。要深入实施区域协调发展战略，推进西部大开发、东北全面振兴、中部地区崛起、东部率先发展，支持特殊类型地区加快发展。深入实施区域重大战略，推进京津冀协同发展、长江经济带高质量发展、粤港澳大湾区建设、长三角一体化发展、黄河流域生态保护和高质量发展等。对此，党中央、国务院制定了发展规划和政策措施，关键是要落地落细落实，同时还要根据新情况新问题，研究一些有针对性的举措。

城镇化是经济社会发展的必然趋势，也是现代化的必由之路。改革开放以来，我国城镇化快速发展。党的十八大以来，我们党提出以人为核心的新型城镇化，城镇化率和质量稳步提高。根据第七次全国人口普查数据，2020年常住人口城镇化率为63.89%，比2010年第六次人口普查时提高14.21个百分点，平均每年提高1.42个百分点。《中华人民共和国国民经济和社会发展第十四个五年规划和2035年远景目标纲要》（以下简称《纲要》）制定的目标是常住人口城镇化率提高到65%，现在看实现这一目标是完全有把握的。

随着我国人口城镇化率超过60%，新型城镇化已开启下半程，从快速发展阶段转向高质量发展阶段，既要走得快更要走得好。一方面我们要继续提升城镇化率。这方面还有很大的发展空间，发达国家城镇化率都在80%以上。另一方面要着力在提升新型城镇化质量上下功夫。一是推动户籍人口城镇化和常住人口基本公共服务均等化。2020年我国常住人口城镇化率63.89%、达到9亿人，但户籍人口城镇化率只有45.4%左右、6.4亿人，二者相差18.49个百分点、2.6亿人，一些常住人口尚未完全享受城镇基本公共服务。要深化户籍制度改革，使更多农业转移人口在城市安家落户，推动城镇基本公共服务覆盖未落户常住人口，促进公共服务均等化，提供更多住房、教育、医疗、养老等公共服务，让农业转移人口进得来、落得下、过得好。二是发挥中心城市和城市群带动作用，建设现代化都市圈。根据国际经验，随着人口城镇化率超过60%，城镇化发展格局会发生变化，将由一次城镇化为主转向二次城镇化。所谓一次城镇化，主要是人口由农村向城镇的流动，二次城镇化是城市之间的流动，由中小城市向中心城市、大城市集聚。对我国来说，一次城镇化的进程仍将继续，二次城镇化的进程正在加快，人口由中小城市向中心城市、大城市集聚。近年来，常住人口占比32%的千万人口级大都市圈对全国人口增量的贡献率超过50%。三是推进以县城为重要载体的城镇化建设。县城是联结城乡的重要节点。现在越来越多的农民选择到县城就业安家、安排子女上学。健全城乡融合发展体制机制，缩小城乡发展差距，推动农业农村现代化，县城发挥重要作用。要赋予县级更多资源整合使用的自主权，大力提升县城公共设施和服务能力，扩大容量、增强功能。四是加强房地产调控。目前我国住房总量总体上已经不低了，2019年城镇人均住房建筑面积达到39.8平方米。我国城镇化进程中，一个突出问题是房价上涨。这些年，国家采取了多轮调控措施，收到一定成效。但从2020年下半年以来，房价又出现新一轮上涨。房价大幅上涨带来多方面严重后果。包括影响居民生活水平，导致制造业、劳动密集型行业发展过早受阻，收入分配结构恶化等。如果不得到有效控制，将迟滞城镇化乃至整个现代化进程。必须加强调控、保持房地产市场持续健康发展，决不能把房地产作为刺激经济增长、增加地方财政收入的手段，否则必将是饮鸩止渴、后患无穷。根本是要深入贯彻习近平总书记关于"坚持房子是用来住的、不是用来炒的"重要指示精神，全面落实因城施策，稳地价、稳房价、稳预期，健全长效机制，完善住房市场体系和住房保障体系。其中一条重要措施是稳妥推进房地产税。这是发达国家的经验，是房地产市场的基础制度，是抑制房地产投资投机的治本之策，也对健全以直接税、财产税为主体的直接税体系具有重要意义。这件事关系重大。应在试点的基础上稳妥推进，以房地产税带动长效机制建设。

新型城镇化既可带动居民增加消费，又可拉动有效投资，是最大内需潜力所在，也是扩大投资和消费的结合点。据估算，每增加1个城镇人口，就能拉动投资约4.5万元、消费支出近2万元，按每年进城1400万人计算，未来五年有几万亿元投资消费需求。"十四五"规划《建议》要求，推进城市更新工程。我国现有城镇老旧小区30多万个，涉及居民7300万户，按每户改造投入5万元估算，直接投资将超过3.6万亿元。2021年新开工改造城镇老旧小区 5.3 万个，"十四五"期间，要完成 2000 年底前建成的 22 万个老旧小区改造，基本完成大城市老旧小区改造，还要改造一批大型老旧街区，需要直接投资达几万亿元。

（五）加快推动绿色低碳发展

生态环境问题本质上是发展方式、经济结构和消费模式问题。推动高质量发展，必须加强生态环境治理。我们要按照习近平总书记的要求和党中央决策部署，坚持绿水青山就是金山银山理念，促进经济社会发展全面绿色转型，建设人与自然和谐共生的现代化。这里主要谈一下碳达峰碳中和问题。

气候变化是人类面临的全球性问题，随着各国二氧化碳排放，温室气体猛增，对生命系统形成威胁。在这一背景下，各国以全球协约方式减排温室气体，提出碳排放目标。碳达峰，就是二氧化碳的排放不再增长，达到峰值后逐步下降。碳中和，就是一国在一定时间内，直接或间接产生的温室气体排放总量，通过植树造林、节能减排等形式，抵消自身产生的二氧化碳排放量，实现二氧化碳"零排放"。

2020 年 9 月，习近平总书记向全世界作出庄严承诺，我国力争于 2030 年前二氧化碳排放达到峰值，努力争取 2060 年前实现碳中和。2020 年 12 月，习近平总书记进一步宣布我国提高国家自主贡献力度的新举措。一个时期以来，习近平总书记就推进碳达峰碳中和问题发表一系列重要讲话，对有关工作作出重要部署。对此，我们要认真学习领会。

第一，应对气候变化是我国推动高质量发展的内在要求，这不是别人要我们做，而是我们自己要做。推进碳达峰碳中和，有利于加快形成绿色生产生活方式，有利于改善环境质量，提升生态系统服务功能，也能够培育形成新的经济增长点，推动实现高质量发展。同时，我国提高国家自主贡献力度，也是基于推动构建人类命运共同体的责任担当，是负责任大国应尽的国际义务。我国是全球气候治理的坚定践行者，积极参与和引领应对气候变化国际合作，推动达成气候变化《巴黎协定》，全面履行《联合国气候变化框架公约》，设立气候变化南南合作基金，与各国携手共建一个清洁美丽的世界。

第二，实现碳达峰碳中和目标，对于我们来说挑战巨大，需要付出长期艰苦努力。多年来，特别是党的十八大以来，我们坚持绿色发展理念，持续推进节能减排、改善环境质量，提升生态系统质量和稳定性。我国可再生能源领域的投资、装机和发电量连续多年稳居全球第一，新能源汽车保有量占全球一半以上。2020 年与2005 年相比，单位 GDP 能源消耗累计下降达 42%，减少二氧化碳排放约 49 亿吨。我们已经提前实现了 2020年碳排放强度比 2005 年下降 40%—45% 的承诺。取得的成绩是显著的，但实现碳达峰碳中和目标，我们面临的挑战也是巨大的。一方面，我们面临着能源刚性需求的压力。我国作为世界上最大的发展中国家，正处于新型工业化、信息化、城镇化、农业现代化深入发展阶段，能源消费需求还会继续攀升。这是实现碳达峰碳中和目标的巨大挑战。另一方面，我们面临着能源结构和产业结构调整的压力。我国能源禀赋的特点是煤多、油少、气缺。目前煤在一次能源消费中的比重为57%。今后我国煤的消费占比会逐步下降，但短期内改变以煤为主的能源结构难度很大。这些年，我国石油、天然气消费量不断增长，对外依存度持续提高。近年来，我国大力推进煤电清洁化发展，但是煤电的高碳排放特征并没有改变。2020年全国新增煤电装机4000万千瓦，累计装机容量达10.8亿千瓦，同比增长3.8%。我国要继续发展水电、风电、光电等可再生能源，但高比例可再生能源接入，影响电力系统抗干扰能力。国内外因此发生连锁故障、大面积停电的例子很多。由于消纳能力原因，近几年新能源存在"边建边弃"、"窝电"与"弃电"并存现象。同时，我国产业结构的绿色低碳调整也需要一个相当长的过程。

第三，要统筹发展与减排，确保能源安全，脚踏实地实现碳达峰碳中和目标。实现碳达峰碳中和是一场广泛而深刻的经济社会系统性变革，要坚定不移推进，但不可能毕其功于一役。近来在实际工作中出现一些问题，有的搞"碳冲锋"，有的搞"一刀切"、运动式"减碳"，甚至出现"拉闸限电"现象，这都是违背经济规律的。要坚持全国统筹、节约优先、双轮驱动、内外畅通、防范风险的原则，坚持先立后破、通盘考虑，保障能源供应，有序推进能源低碳转型。要重点做好以下几项工作。一要构建清洁低碳安全高效的现代能源体系。继续在加强煤炭清洁高效利用上想办法、找出路，这既利于保障能源安全，也利于减少污染排放。要科学规划煤炭开发布局，加快输煤输电大通道建设，提高煤炭集中利用水平。在保障电力稳定供应、满足电力需求的前提下推进现有煤电机组节煤减排改造，新建项目要严格执行煤耗等最新技术标准。控制化石能源总量，着力提高利用效能，实施可再生能源替代行动，深化电力体制改革，逐步构建新型电力系统。传统能源逐步退出要建立在新能源安全可靠的替代基础上。二要实施重点行业领域减污降碳行动。工业领域要推进绿色制造，建筑领域要提升节能标准，交通领域要加快形成绿色低碳运输方式。三要推动绿色低碳技术实现重大突破。抓紧部署低碳前沿技术研究，加快推广应用减污降碳技术，建立完善绿色低碳技术评估、交易体系和科技创新服务平台。四要完善绿色低碳政策和市场体系。要科学考核，新增可再生能源和原料用能不纳入能源消费总量控制，创造条件尽早实现能耗"双控"向碳排放总量和强度"双控"转变，加快形成减污降碳的激励约束机制，防止简单层层分解。要完善有利于绿色低碳发展的财税、价格、金融、土地、政府采购等政策，加快推进碳排放权交易，积极发展绿色金融。五要倡导绿色低碳生活。深入开展绿色生活创建行动，倡导绿色低碳的消费模式和生活方式。建立统一的绿色产品标准、认证、标识体系，完善节能家电、高效照明产品、节水器具推广机制，鼓励绿色出行，倡导绿色低碳生活新时尚。六要提升生态系统碳汇能力。强化国土空间规划和用途管控，有效发挥森林、草原、湿地、海洋、土壤、冻土的固碳作用，提升生态系统碳汇增量。

（六）推进全面深化改革和高水平开放

改革开放是决定当代中国前途命运的关键一招。只有坚定不移推进改革，坚定不移扩大开放，破除制约高质量发展、高品质生活的体制机制障碍，强化有利于提高资源配置效率、有利于调动全社会积极性的重大改革开放举措，才能持续增强发展动力和活力。

新时期深化改革，要坚持和完善社会主义基本经济制度，充分发挥市场在资源配置中的决定性作用，更好发挥政府作用，推动有效市场和有为政府更好结合。重点是激发各类市场主体活力，完善宏观经济治理，建立现代财税金融体制，建设高标准市场体系，加快转变政府职能。要加快营造市场化、法治化、国际化营商环境。这些年，通过持续推进改革，我国营商环境明显改善，在全球的营商环境排名上升较快。但要看到，与市场主体期待相比，与国际先进水平相比，我国营商环境仍有较大的差距。要进一步破除市场准入障碍，完善市场准入负面清单制度，各类审批和备案管理措施都要纳入清单，必要的生产经营许可审批要进一步简化，实行动态调整，及时向社会公布。要坚持放管结合、并重推进，把有效监管作为简政放权的必要保障，加强对取消或下放审批事项的事中事后监管，提升监管能力。

习近平总书记指出，过去 40 多年中国经济发展是在开放条件下取得的，未来中国经济实现高质量发展也必须在更加开放的条件下进行。高质量发展是体现新发展理念的发展，因而也必须是开放的发展。我国经济已经深度融入世界，要在扩大开放中构建新发展格局，必须更好利用国际国内两个市场、两种资源，加快培育国际经济合作和竞争新优势。综合来看，我国开放水平高于一般发展中国家，但低于发达国家。在当前经济全球化遭遇挫折、保护主义抬头的情况下，我们要坚定不移推进开放，更好利用两个市场、两种资源，这是我们自身发展的需要。要坚持实施更大范围、更宽领域、更深层次对外开放，进一步放宽市场准入，落实好准入后国民待遇。要高质量共建"一带一路"，有序推进重大项目建设，提升对外投资合作质量效益，防范化解对外债权风险。我国已经加入区域全面经济伙伴关系协定（RCEP）等高水平自贸协定，要加强与国际通行经贸规则对接，推动完善国内相关法律法规、监管规则、质量标准等规范，对内外资企业一视同仁、公平对待，让我国始终成为外商青睐的投资热土和贸易伙伴。

（七）改善人民生活品质

推动高质量发展的根本目的是为了更好增进民生福祉，民生不断改善、生活品质逐步提升也有利于高质量发展。要坚持把实现好、维护好、发展好最广大人民根本利益作为发展的出发点和落脚点，尽力而为、量力而行，健全基本公共服务体系，完善共建共治共享的社会治理制度，扎实推动共同富裕。需要指出的是，我国还是发展中国家，不能搞超越发展阶段的"福利主义"，要在推动高质量发展基础上，不断改善民生。从政府来说主要是保障基本民生，同时要充分调动社会力量积极性，多渠道增加公共服务供给，更好满足人民群众多层次多样化需求，不断增强人民群众获得感、幸福感、安全感，促进人的全面发展和社会全面进步。

第一，要逐步提高人民收入水平。要坚持居民收入增长和经济增长基本同步、劳动报酬提高和劳动生产率提高基本同步，优化收入分配结构。"十四五"规划《建议》和《纲要》对此进行了系统部署。一是拓展居民收入增长渠道。要坚持按劳分配为主体、多种分配方式并存，提高劳动报酬在初次分配中的比重。根据计算，2018 年我国劳动报酬在初次分配总收入中的占比为52%。发达国家这一比重一般在 60% 左右或更高。工资是劳动报酬的主体，要完善工资制度，健全工资决定、合理增长和支付保障机制。完善按要素分配政策制度，健全各类生产要素由市场决定报酬的机制，探索通过土地、资本等要素使用权、收益权增加中低收入群体要素收入。完善国有企业市场化薪酬分配机制。改革完善体现岗位绩效和分级分类管理的事业单位薪酬制度。二是扩大中等收入群体。我国中等收入的标准是家庭年可支配收入 10 万—50 万元。中等收入群体生活比较宽裕，消费意愿和消费能力较强，是形成强大国内市场的重要支撑。要完善相关机制，使越来越多的低收入人员上升到中等收入群体里，逐步形成两头小、中间大的橄榄型分配结构。三是完善再分配机制。加大税收、社会保障、转移支付等调节力度和精准性，合理调节过高收入，取缔非法收入。完善兜底保障标准动态调整机制。

第二，要实施就业优先战略。就业是最大的民生。从第七次全国人口普查数据看，虽然 2010 年至 2020 年我国 16 至 59 岁劳动年龄人口减少 4000 多万人，但总规模仍然较大，有 8.8 亿人。当前和今后一个时期，我国就业的总量压力和结构矛盾并存。在总量方面，"十四五"

时期，每年需在城镇就业的新成长劳动力约 1400 万人、其中高校毕业生 900 万人以上，每年还有几百万农村劳动力需要转移就业，就业压力很大。在结构方面，主要表现为劳动力需求和供给不匹配，招工难和就业难并存，技能劳动者特别是高技能人才短缺，有关方面估计仅制造业缺口就超过 2000 万人。要坚持经济发展的就业导向，强化就业优先政策，扩大就业容量，提升就业质量，更加注重缓解结构性就业矛盾，努力实现更加充分更高质量就业。完善高校毕业生、农民工、退役军人等重点群体就业支持体系，帮扶残疾人、零就业家庭成员等困难人员就业。完善与就业容量挂钩的产业政策，支持吸纳就业能力强的服务业、中小微企业和劳动密集型企业发展。注重发展技能密集型产业，支持和规范发展新就业形态，建立促进创业带动就业、多渠道灵活就业机制。健全终身技能培训制度，持续大规模开展职业技能培训，大力培养技术技能人才，全面提升劳动者就业创业能力。健全覆盖城乡的就业公共服务体系，为劳动者和企业免费提供政策咨询、职业介绍、用工指导等服务。

第三，要建设高质量教育体系。教育事关国家发展、民族振兴和社会进步。要全面贯彻党的教育方针，构建高质量教育体系，培养德智体美劳全面发展的社会主义建设者和接班人。一是推进基本公共教育均等化。义务教育在国民教育体系中具有基础性地位，当前城乡、区域、校际差距还比较大。要大力推动义务教育优质均衡发展和城乡一体化。顺应农民子女越来越多到城镇上学的趋势，加快城镇学校扩容增位。对乡村小规模学校和乡镇寄宿制学校，要改善条件。保障农业转移人口随迁子女平等享有基本公共教育服务。加快补齐农村办学条件短板，健全教师工资保障长效机制，改善乡村教师待遇。二是以适应高质量发展需要为导向，构建更加多元的高等教育体系。分类建设一流大学和一流学科，优化区域高等教育资源布局，加快培养理工农医类专业紧缺人才，加快优化学科专业结构。三是增强职业技术教育适应性。我国有近9亿劳动力资源，尽管技能人才总量已经超过2亿人，但高技能人才只有5000多万人。2019年起，国家实施了高职扩招"三年行动"，高职院校扩招300万人。要引导学生和家长像崇尚科学一样崇尚技能，让更多学生报考职业院校，拓展技能人才发展空间和职业上升通道。

第四，要健全多层次社会保障体系。社会保障是民生安全网、社会稳定器。我国养老、医疗、失业、社会救助等社会保障制度不断完善，但仍有不少短板。要坚持应保尽保原则，按照兜底线、织密网、建机制的要求，加快健全覆盖全民、统筹城乡、公平统一、可持续的多层次社会保障体系。要健全农民工、灵活就业人员、新业态就业人员参加社会保险制度，实现社会保险法定人群全覆盖。完善城镇职工基本养老金合理调整机制，逐步提高城乡居民基础养老金标准。目前我国基本养老保险基金累计结余 4.7 万亿元，全国社保基金管理的资产总额也超过 2.4 万亿元，总体上当期收支能够平衡、且略有结余。但部分地区养老保险基金收不抵支甚至用尽历年结余，不可持续问题比较突出。对部分基金收支缺口较大甚至已经"穿底"的省份，中央适当予以支持。社会保险统筹层次越高，互济性和抗风险能力就越强。国际上养老保险制度比较完善的国家，大部分实行全国统筹。过去我国企业职工基本养老保险制度统筹层次较低，随着城镇化加速推进、人口老龄化加快发展、人口向东部沿海发达地区加速流动，地区间基本养老保险基金收支不平衡、负担畸轻畸重的问题进一步凸显，对养老保险制度完善和可持续发展提出新的挑战，必须推动尽快实现全国统筹。2020 年我们实现了基本养老省级统筹，"十四五"实现基本养老保险全国统筹，失业保险、工伤保险省级统筹。推动全国统筹的一项重要举措是加大基金中央调剂力度。2018 年我国建立了企业职工基本养老保险基金中央调剂制度，截至 2020 年底，上解比例已提高到 4%，全年调剂金总规模约 7400 亿元，其中跨省调剂的基金达 1768 亿元。2021 年要继续提高中央调剂比例，加大调剂力度，提高中央调剂基金的使用效率，进一步加大对企业养老保险基金收支困难省份的支持力度。

第五，要全面推进健康中国建设。"十三五"时期，我国卫生健康事业取得新的巨大成就，人均预期寿命从2015年的76.3岁提高到2019年的77.3岁，主要健康指标居于中高收入国家前列。当前，我国面临着传统传染病和慢性疾病的双重威胁。除了新冠肺炎疫情外，每年报告的其他各类传染病超过1000万例；慢性疾病方面，全国心脑血管疾病超过2.6亿例，恶性肿瘤每年新发病例超过300万例，还有儿童肥胖、近视问题也非常突出。"十四五"时期要通过深化改革优化资源配置，突出关口前移、重心下移。一方面，要坚持预防为主，加大疾病预防控制体系改革力度，提高疾病预防处置能力。这也是维护健康最经济的手段。据世界卫生组织调查，预防上多投入1元钱，就可以减少治疗支出8.5元，并节约100元抢救费。要健全医疗救治、科技支撑、物资保障体系，提高应对突发公共卫生事件能力。另一方面，要改革医疗体系，提高医疗服务能力，推动更多医疗资源下沉，实现分级诊疗。当前，我国医疗资源配置不均衡，优质医疗资源大都集中在大城市、大医院，群众患大小病都到这些地方就诊，不仅导致看病难，还增加了额外非医疗支出，加剧了看病贵。通过分级诊疗，不仅方便群众，也可以显著降低医疗费用。要加快发展健康产业，促进产品、技术和服务创新与群众多样化需求更好对接。据世卫组织 2017 年发布的报告，全球抑郁症患者超过 3 亿人，平均发病率 4.4%。据国内有关医疗机构调查测算，我国抑郁症患者约有 9500 万人，其中女性占 65%；青少年抑郁症发病率明显上升，抑郁症检出率达 24.6%，其中重度抑郁的检出率为 7.4%。要加强精神卫生和心理健康工作，高度重视青少年的心理健康问题，争取早发现、早干预。要提升健康教育、慢病管理和残疾康复服务质量。深入开展爱国卫生运动，促进全民养成文明健康生活方式。完善全民健身公共服务体系。

第六，要促进人口长期均衡发展，提高人口素质。人口是影响经济社会发展的基础性、全局性、战略性问题。改革开放以来，人口红利被公认为经济快速发展的重要动力之一。从第七次全国人口普查数据看，近年来人口形势发生了重大变化，生育率快速下滑、人口老龄化进一步加深。如何应对好这些重大挑战，事关我国社会主义现代化建设全局。要制定实施人口长期发展战略，促进人口长期均衡发展，推动人口红利逐步向人才红利转变。

要积极应对生育率下滑问题。2020 年，我国新出生人口 1200 万，育龄妇女总和生育率（指一国家或地区的妇女在育龄期间，每名妇女平均生育子女数量）为 1.3，低于原来预期的 1.8 的水平，更低于 2.1 的正常人口更替水平。基于国外经验和我国人口的惯性来看，我国人口低速增长的态势将在未来一段时间内继续保持。人口增长与生育政策、人口年龄结构、人们的生育观念、生育成本、公共卫生和健康水平等诸多因素有关。应对生育率下滑问题要综合施策。一是优化生育政策。调整人口政策要有提前量，生育政策调整一般要 15—20 年才能对劳动力供给产生影响。"十四五"规划《建议》提出要增强生育政策包容性，提高优生优育服务水平。要推进一对夫妻可以生育三个子女政策及配套支持措施落实。二是降低生育、养育、教育成本。当前婴幼儿托育服务供需矛盾较为突出，学前三年毛入园率为 85.2%、普惠性幼儿园覆盖率 80.2%、0—3 岁婴幼儿入托率只有 4.1%，很多双职工家庭面临幼儿无人照看的难题。要大力发展普惠托育服务体系。健全支持婴幼儿照护服务和早期发展的政策体系，"十四五"时期每千人拥有 3 岁以下婴幼儿托位数从 1.8 个增加到 4.5 个。要严格落实城镇小区配套园政策，积极发展多种形式的婴幼儿照护服务机构，鼓励有条件的用人单位提供婴幼儿照护服务，支持企事业单位和社会组织等社会力量提供普惠托育服务，鼓励幼儿园发展托幼一体化服务。

要积极应对人口老龄化。国际上一般把 60 岁以上老年人口占比超过 10%，或者 65 岁以上老年人口占比超过 7%，作为进入老龄化社会的标准。1999 年底，我国正式步入老龄化社会，进入新千年后，老龄化程度进一步加深。目前我国是世界上人口老龄化程度比较高的国家之一，而且老龄化仍以较快速度发展。我国人口老龄化有几个明显的特征：一是老年人口规模庞大。60 岁以上老年人口超过 2.6 亿，占总人口的 18.7%，较 2010 年上升 5.44 个百分点，其中 65 岁及以上人口为 1.9 亿人，占13.5%。二是老年人口增长速度快。"十四五"时期，我国将从轻度老龄化进入中度老龄化，60 岁以上老年人口占总人口的比重将超过 20%、65 岁及以上人口占比将超过 14%。2035 年左右将进入重度老龄化，60 岁以上老年人口占总人口的比重将超过 30%、65 岁及以上人口占比将超过 21%。三是高龄化趋势越来越明显。从老年人口内部的年龄构成来看，80 岁及以上人口所占的比重持续增加。四是老龄化程度的区域差距明显。全国除了西藏地区以外，所有省份都步入了老龄社会，尤其是东北三省、四川、重庆以及长江中下游省份的老龄化程度更高。五是与发达国家相比，我国老龄化呈现出未富先老等特点。

人口老龄化是今后我国较长一段时期的基本国情，对我国发展带来重大挑战。这将减少劳动力的供给数量、降低消费倾向、增加家庭养老负担和基本公共服务供给压力，但同时应看到，如果应对得好，也可化危为机。一要积极开发老龄人力资源，发展银发经济。在 60 岁及以上人口中，60—69 岁的"低龄"老年人口占 55.8%，这些低龄老年人大多具有一定的知识、经验、技能优势，且身体状况尚可，发挥余热和作用的潜力较大。其中高考制度改革以后的前几届大学毕业生大都进入退休年龄，应当采取适当方式让他们发挥余热，继续创造价值。要引导企业提供适合老年人的产品和服务。二要健全基本养老服务体系。人人都会老，家家有老人。老年人有幸福的晚年，年轻人才有可期的未来。我国养老以居家和社区养老为主，这是国情和传统文化决定的。当前，养老难成为一个突出矛盾。要积极推动养老事业和养老产业协同发展，大力发展普惠型养老服务，支持家庭承担养老功能，构建居家社区机构相协调、医养康养相结合的养老服务体系，形成适合我国国情的养老模式。要支持家庭承担养老功能、发挥家庭养老基础作用，完善社区居家养老服务网络、推进公共设施适老化改造，加大对社区日间照料中心、托老所等配套设施建设投入，为老年人提供"家门口"的养老服务。有的地方以政府购买服务方式引入社会力量发展社区养老，政府免费提供场地和水电气，企业和社会组织为老人提供餐饮、休闲娱乐、健康监测、上门保洁等多种服务，这种模式值得推广。现在我国有 4000 多万失能半失能老人，按 3:1 的国际标准，大约需要 1000 多万养老护理员，但目前专业养老护理员不足 50 万人，缺口巨大。要大力加强养老护理人员队伍建设，完善从业人员工资、培训、社会保障等政策体系。在推进智能化过程中，要注意老年人的特点，提供更多适老产品和无障碍服务。三要加强健康养老。长寿而不健康，是老龄社会需要关注的重大问题。目前我国人均预期寿命已达 77.3 岁，但健康预期寿命不足 69 岁，也就是说老年人有 8 年时间是"带病生存"。现在，全国经常性卫生费用中，用于治疗的医疗费用约 4 万亿元，其中 40% 都用于老年人。"十四五"时期，要推动全社会树立大健康理念，从"以疾病治疗为中心"转向"以健康为中心"，优化对老年人服务，大幅增加老年医疗卫生和医养结合服务供给，让老年人更健康、更快乐、更幸福。

（八）防范化解重大风险

安全是发展的前提，发展是安全的保障。我国只要不发生重大风险，发展无非是快一点慢一点问题。当前和今后一个时期是我国各类矛盾和风险易发多发期，各种可以预见和难以预见的风险因素明显增多。必须高度重视防范和化解影响我国现代化进程的各种风险，筑牢国家安全屏障。要坚持统筹发展和安全，把安全发展贯穿国家发展各领域和全过程，加强国家安全体系和能力建设，确保国家经济安全，保障人民生命安全，维护社会稳定和安全。要树立底线思维，把困难估计得更充分一些，把风险思考得更深入一些，注重堵漏洞、强弱项，下好先手棋、打好主动仗，有效防范化解各类风险挑战，确保高质量发展得以在安全的环境中推进，同时以高质量发展为国家安全提供有力支撑。

四、如何保障实现高质量发展

推动高质量发展是一场涉及思维方式和价值观念、生产方式和生活方式等的深刻社会变革，必须综合施策，确保高质量发展不断取得成效。

一要坚持和加强党的全面领导。习近平总书记深刻指出："党是总揽全局、协调各方的"，"能不能保持经济社会持续健康发展，从根本上讲取决于党在经济社会发展中的领导核心作用发挥得好不好。"推动经济社会高质量发展，必须坚持和加强党的全面领导、加强党中央集中统一领导，坚持和完善党领导经济社会发展的体制机制，坚持和完善中国特色社会主义制度，不断提高贯彻新发展理念、构建新发展格局、推动高质量发展的能力和水平，以高质量党建推动高质量发展。

二要坚持把"两个维护"要求落实到推动高质量发展各方面全过程。回顾党的十八大以来走过的历程确实极不平凡，取得的成绩确实来之不易、成之惟艰。尤其在极不寻常的 2020 年，多个"灰犀牛"、"黑天鹅"事件接连出现。百年不遇的新冠肺炎疫情突如其来，严重洪涝灾害多地发生，外部环境风高浪急，世界经济深度衰退，政治、经济、文化、军事、社会、国际、自然等领域的挑战纷至沓来。应对这些挑战，每一场都是硬仗，如果应对不当都会带来严重后果。特别是疫情防控，我们在没有经验可以借鉴的情况下，果断采取最全面、最严格、最彻底的防控措施，在全球率先控制住了疫情。在习近平总书记的亲自指挥、亲自部署下，经过全国上下艰苦卓绝的努力，我们打赢了一场又一场硬仗，取得了一个又一个胜利。反观其他一些国家，仅应对新冠肺炎疫情这一个挑战，就手忙脚乱，疫情形势持续恶化，经济衰退、民生困顿、社会失序。如果像我们这样同时应对多个交织叠加的挑战，会是什么情况？答案是显而易见的。伟大成就的取得，关键在于党中央权威和集中统一领导，根本在于有习近平总书记这个党中央的核心、全党的核心举旗定向、掌舵领航。新时代伟大实践充分证明，习近平总书记是伟大时代产生的众望所归的伟大领袖和坚强核心，具有非凡政治智慧、高超领导能力、强大人格魅力、深厚人民情怀。"两个维护"是党的领导的最高政治原则和根本政治规矩，坚持党对经济社会发展的全面领导，首先必须做到"两个维护"，按习近平总书记的要求去做。发展仍然是我们党执政兴国的第一要务。推动高质量发展是重大政治任务。只要我们党的各级组织和领导干部不折不扣按照习近平总书记的要求和党中央决策部署去做，不断增强政治判断力、政治领悟力、政治执行力，善于从政治上领会把握党中央精神、从政治上贯彻落实党中央要求，始终胸怀"国之大者"抓落实，把"两个维护"落实到推动经济社会高质量发展的具体工作中、实际行动上，就一定能创造新的历史奇迹。

三要提高党员干部运用党的创新理论解决高质量发展实际问题的能力和水平。习近平新时代中国特色社会主义思想是当代中国马克思主义、21世纪马克思主义，是中华文化和中国精神的时代精华。党的十八大以来，我们党之所以能够领导人民铸就新时代的新辉煌，根本在于有习近平新时代中国特色社会主义思想的科学指引，在于这一重要思想的强大信仰伟力、真理伟力、实践伟力。立足新发展阶段、贯彻新发展理念、构建新发展格局、推动高质量发展，必须始终坚持用习近平新时代中国特色社会主义思想武装头脑、指导实践、推动工作，始终高举这一伟大思想旗帜。2021年开展的党史学习教育，聚焦学习感悟习近平新时代中国特色社会主义思想伟力这个首要，坚持学党史、悟思想、办实事、开新局，在"六个进一步"上下功夫，必将进一步提高全党学思用党的创新理论、解决实际问题的能力和水平。要通过加强学习培训、健全考核评价体系，推动各级领导干部发展观念转变和知识能力提升，成为贯彻新发展理念、构建新发展格局、推动高质量发展的行家里手。

四要发挥党的强大组织优势和高素质人才队伍建设的支撑保障作用。习近平总书记指出，我们党建立了包括党的中央组织、地方组织、基层组织在内的严密组织体系，这是世界上任何其他政党都不具有的强大优势。党的十八大以来，党中央突出加强了党的组织建设，党组织的政治功能和组织功能明显增强，有力促进了经济社会持续健康发展。推动高质量发展，更加需要把各方面力量"组织起来"、智慧"凝聚起来"。这就要求进一步严密组织体系，提高各层级各领域党组织建设的质量和水平，把党的组织优势巩固好、发展好、发挥好。毛主席讲过，政治路线确定之后，干部就是决定的因素。推动高质量发展，对于干部队伍和人才队伍的政治能力、战略眼光、专业水平、工作作风都提出了很高的要求。习近平总书记强调，要全方位培养、引进、用好人才，充分激发人才创新活力。要大力加强人才工作，完善人才工作体系，深化人才发展体制机制改革，健全科技人才评价体系，抓住有利时机引进更多国际一流人才，强化重点人才培养支持措施，为推动高质量发展提供强有力的人才支撑。

历史发展是有其内在大逻辑的。新中国成立以来，我们党领导人民战胜无数艰难险阻，创造了世所罕见的经济快速发展奇迹和社会长期稳定奇迹。2020 年我们又夺取了抗疫斗争的重大战略成果，是全球唯一实现经济正增长的经济体，再次展现了中国共产党的伟大力量，展现了14亿多中国人民的伟大力量，展现了中国特色社会主义制度和国家治理体系的伟大力量。面对推动高质量发展这一新的重大任务，只要我们在以习近平同志为核心的党中央坚强领导下，以习近平新时代中国特色社会主义思想为指导，增强"四个意识"、坚定"四个自信"、做到"两个维护"，不忘初心、牢记使命，砥砺前行、不懈奋斗，就一定能不断夺取经济社会高质量发展的新成就，在新时代创造中华民族新的更大奇迹！

（作者系国务院研究室党组书记、主任）

一、坚决打赢脱贫攻坚战

疫情下应加大对产业扶贫项目的精准支持

刘帅　　牛发亮

新冠肺炎疫情给脱贫攻坚带来新的挑战。有专家认为，疫情短期主要影响就业扶贫，长期则主要影响产业扶贫。虽然贫困地区大多地处偏远或农村，受疫情的直接影响没有城市严重，但疫情对整个经济的影响是全方位的，会通过产业链逐步传递到产业扶贫项目，这不仅将加剧剩余贫困人口的脱贫难度，还可能导致已脱贫人口返贫。当年受非典影响，全国贫困发生率曾反弹 0.1 个百分点。今年是脱贫攻坚战收官之年，建议针对疫情对产业扶贫项目带来的冲击，加大政策精准支持力度，多措并举促进产业扶贫项目恢复生产和稳定发展，切实保障脱贫成效。

一、疫情给部分产业扶贫项目带来多方面难题

（一）有些季节性强的产业扶贫项目因疫情影响错过农时或旺季。受疫情影响，一些农林牧渔项目无法及时采收、销售，贫困户无法及时购买农资农具投入农业生产，对全年收入造成很大影

3

响。比如，某地一专业合作社带动村里 32 户贫困户种植富贵竹，本来每年 12 月到次年 5 月是销售旺季，但今年因疫情影响收割晚，叶片发黄，无法销售。又比如，某莲雾产业扶贫基地有 800 亩莲雾，累计带动 132 户、509 名贫困户增收，今年疫情造成 10 多万斤莲雾来不及采摘而烂在地里，导致贫困户增收计划"泡汤"。还比如，某贫困村 105 户全部靠茶产业为收入来源，但疫情导致实体店和农村物流陷入停滞，茶叶积压卖不出去，损失 90 万元左右。某地一家合作社负责人反映，疫情导致企业自身陷入困境，现在是"泥菩萨过江"，已经无力正常收购贫困户的产品，"本来想带着大家一起挣钱，没想到遇到疫情，产品眼瞅着要坏、大家嚷着要赔"。

（二）疫情导致县级财政收支矛盾凸显，对有些产业扶贫项目稳定投入带来挑战。受疫情影响，不少地方县级财政收入锐减，而疫情防控、民生等支出明显增加，收支矛盾加剧，影响对扶贫产业的持续投入。比如，中部一个约 70 万人口的县，为了防控疫情、救治患者、购置防疫物资、租赁酒店作为隔离点、发放抗疫补贴等支出累计高达 5000 多万元，财政很难再拿钱用于支持扶贫。同时，一些产业扶贫项目内生动力尚未形成，正常运营和发展还需要财政扶持。比如，某县对贫困户种植林果、中药材按每亩 200元补助，对适度规模养殖项目每个补助 10 万—50 万元，对龙头企业吸纳贫困户务工按每人 500 元补助，当前县里财政明显吃紧，对这些项目稳定发展带来很大挑战。

（三）已出台助企扶困政策难以有效解决有些产业扶贫项目遇到的特殊困难。为应对疫情影响，国家在信贷融资、税费减免等方面相继出台了一系列扶持政策。但扶贫产业多属弱势产业，不少又是种养殖业，有其固有的行业特点，疫情影响下自我修复能力弱，现有政策难以有效解决其面临的特殊困难。比如，已出台的延长还款期限政策，还款日期最长可延至今年6月30日，而不少错过农时或旺季的产业扶贫项目耽误的是大半年甚至一整年，6月30日前很难有大的收入改观，到时还款仍面临资金链断裂的风险。又比如，支农、支小再贷款利率下调至2.5%，但有规模经营主体反映，他们享受优惠利率需要层层上报相关部门，操作起来很难。

（四）有些产业扶贫项目因疫情影响导致成本明显上升。受疫情影响，目前用工、运输、原材料等成本同时上涨，导致扶贫企业综合成本大幅上升。比如，一家种植香菇的扶贫企业负责人反映，作为香菇种植原料的煤炭和木屑每吨上涨了50元，现在企业复工不仅要花钱购买口罩、消毒剂等防疫物资，还要支付更高工资员工才肯上班，综合成本比往年上涨50%以上。另外，现在虽然货运通道基本打通，但由于一些司机怕感染不愿出车、一些地方办理通行证要费不少周折等因素，部分地方运费上涨50%以上。比如，某省内运输春节前运价90元/吨，现在到了160—180元/吨，上涨近一倍。

（五）有些产业扶贫项目因疫情影响复工复产进度缓慢。为确保打赢脱贫攻坚战，不少地方春节前安排部署今年脱贫任务时，已经把计划投产的产业扶贫项目纳入考虑。但疫情影响导致一些在建项目进度被耽误。比如，华南某市一个区贫困村特色产业"一村一基地"项目就有5个耽误了开工时间。中部省份某县42个产业扶贫项目疫情期间推进缓慢。截至3月7日，东部省份某县26个建设类扶贫产业项目中，仍然只有12个实现复工。疫情相对严重地区尤其是中部某省这一问题更加突出。比如，该省某市有6个国家级贫困县、892个贫困村，建档立卡贫困人口高达

102.4 万人，产业扶贫项目面临多重困境，不少项目因为村民怕感染等因素，目前仍无法复工。另外，有的地方对企业复工复产要求条件严格，不仅要求企业备齐口罩、消毒液等防疫物资，还从用工人数等方面进行限制，对扶贫企业复工复产带来影响。

（六）一些特种养殖类扶贫项目进入野生动物禁食范围发展受挫。近年来地方大力推动养殖结构调整，培育了一批带动脱贫的特种养殖业。疫情暴发引起全社会对吃"野味"的反思，有的养殖品种面临被禁食。比如，前不久某市拟出台"禁食令"，把蛙、鳖等都列入本地禁食范围，后来虽然国家有关部门及时出台文件把牛蛙、鳖从禁食名单中排除，但此前禁食信号对市场的影响仍然存在。有养殖户反映，"禁食的名单还没敲定时，市场就已经乱套了，各路声音太多，是个极为沉重的打击"。

二、支持产业扶贫项目稳定发展的建议

产业扶贫是实现稳定脱贫的根本之策。截至 2019 年末，全国约 92% 的贫困户参与到扶贫产业中，67% 的脱贫人口主要通过产业带动脱贫。建议精准支持产业扶贫项目加快恢复生产经营，实现稳定可持续发展。

（一）加大对产业扶贫项目的定向精准支持。梳理产业扶贫项目面临的特殊困难，量身定制支持政策。比如，可考虑在已出台延期还款政策基础上，对扶贫企业进一步延长还款期，保证形成一个农业生产周期，并给予阶段性财政贴息。又比如，扩大产业扶贫项目的专项贷款额度，缓解扶贫企业因疫情影响导致的暂时性资金链紧张。考虑到产业扶贫项目对水、电、运输等费用更为敏感，建议在这些方面实施更大力度的定向降费或补助。

（二）稳定对产业扶贫项目的财政投入。产业扶贫项目形成内生发展能力需要一个过程，建议加大对县级财政一般性转移支付力度，确保对产业扶贫项目的既定投入不变；支持解决项目所需农资供应、劳动力、物流运输等问题，防止因要素投入接续不上影响正常运转和稳定发展。

（三）对因疫情造成重大损失的产业扶贫项目实施合理救助。比如，对疫情期间造成损失、符合保险理赔条件的，督促相关保险机构及时办理理赔，尽可能减小损失。不能获得保险理赔的，建议按照"一个项目一个方案"的办法，认真评估损失和涉及贫困群众人数，研究制定专项帮扶措施。对乡村旅游扶贫暂时遇困的，待疫情结束后适时组织促进旅游消费的活动。

（四）分类妥善处置现有特种养殖类产业扶贫项目。建议尽快根据确定的野生动物禁食名单，妥善分类处置现有特种养殖类扶贫项目。对能够继续养殖和食用的，要规范行业标准，支持做好养殖及运输环境管控、检验检疫；对必须关停的项目，给予相应转型帮扶和合理补助。

（五）多措并举帮助拓展扶贫产品销路。比如，引导地方组织产业扶贫项目开展区域性自救，通过支持农户与超市对接、社区团购等方式促进扶贫产品本地消化，防止出现严重滞销。建立健全符合条件的扶贫产品对接城市农贸市场的长效机制，纳入"菜篮子""米袋子"保障范围。整合各级各类扶贫产品线上交易平台，有条件的地方可考虑开设扶贫产品物流专线，支持扶贫产业与电商联动发展。

应对疫情对脱贫攻坚的影响
既要"治外伤"也要"疗内伤"

张伟宾　　贺达水

　　新冠肺炎疫情对脱贫攻坚造成了直接冲击，像贫困劳动力外出就业受阻、贫困地区农产品销售不畅、帮扶工作停滞等，对这些表现突出的"外伤"，各地各部门正在采取"点对点"务工帮扶、强化产销对接等措施积极化解。同时还要看到，疫情导致贫困地区内外部环境发生深刻变化，对脱贫攻坚造成许多深层次影响，尤其在产业扶贫、就业扶贫、教育扶贫等领域引发的系列新"内伤"，明显增加了巩固脱贫成果、防止返贫致贫的工作难度。主要表现在：

　　一是部分扶贫龙头企业因疫情陷入经营困境，带动的贫困户可能返贫致贫。支持扶贫龙头企业带动贫困户发展生产、增收脱贫，是不少地方产业扶贫的重要方式。由于贫困地区扶贫产业刚刚起步，抗风险能力差，受疫情冲击，不少扶贫龙头企业资金链紧张、供应链中断，生存压力陡增。特色种养方面，由于农畜产品市场销售不畅、需求量下降，一些龙头企业面临破产危机。如

8

茶叶、果蔬等当季农产品因用工不足，错过最佳上市时间，加上批发市场、商超、餐饮企业停业导致销售受阻，价格普遍下跌，企业营业收入大幅下降，经营难以维持。多地部分特色养殖业因政策原因禁售，带贫企业遭受较大经济损失，养殖户陷入困境。扶贫车间方面，多数扶贫车间为来料加工，与上下游主体联系较为单一，产品出路少、转型可能性低，一旦上游或下游企业取消或减少订单，扶贫车间就被迫停产，影响贫困劳动力就业增收。乡村旅游扶贫方面，多数项目基本停摆，但员工工资、银行贷款等都要继续支付，企业损失惨重。西部某地州暂时关停 A 级旅游景区 47 家、餐饮业 6238 家，旅游收入不到 2019 年同期的 5%。西南某市春节假期接待游客不足 8 万人次，同比下降 89.2%，全市 24 个旅游景区维持关停状态，1024 家宾馆和酒店除少量用于定点安置外全部暂停营业。

二是大量灵活就业贫困劳动力仍然无业可就，务工收入可能锐减。根据有关数据，2019 年全国外出务工的建档立卡贫困劳动力有 2700 多万，其中有相当大比例的贫困劳动力采取自主灵活方式实现就业。当前各地针对贫困劳动力的就业帮扶，主要是开展跨省区、有组织的"点对点"劳务输出，而大量分散灵活就业的贫困劳动力得到的帮扶较少，外出务工难。有的地方家政服务业属外向型劳务输出产业，受疫情影响外出务工时间和收入大幅减少。西部某市有 17.7 万名拉面从业人员，"拉面经济"是当地贫困人口实现脱贫的重要依托。受疫情影响，有的县 3800 多名建档立卡贫困人口滞留家中。不少劳动力靠外出或就近打零工维持收入，一旦失去收入来源，极易致贫或返贫。

三是贫困地区义务教育阶段正常教学秩序被打乱，巩固"控辍保学"成果面临新挑战。很多地区学校在疫情期间通过线上方式推送播出教学资源，开展"停课不停教、停课不停学"教学活动。但大部分贫困地区地处偏远，一些贫困家庭缺乏无线网络设备或信号质量差，导致贫困学生无法正常接受线上教育。媒体报道，有的贫困地区农村学生为了上网课，爬山顶、搭帐篷、蹲菜地，追着信号上网课。某乡镇的一名五年级学生因为家长带手机外出，"网课上了17天，'失联'了11次"。部分贫困地区"控辍保学"本来就存在易反复的问题，这次疫情客观上又放松了对劝返学龄儿童的约束，为上网课而购置手机、支付流量费等加重了贫困家庭负担，很可能导致复学儿童重新辍学，影响"义务教育有保障"这一脱贫底线目标的实现。

此外，一些贫困地区群众由于生产生活受疫情冲击较大，容易把生产损失、返工迟缓等归咎于帮扶不及时、不到位，进而产生负面情绪和消极思想，影响帮扶群众对脱贫攻坚的获得感。对疫情给贫困群众思想上造成的负面影响，也不容忽视。当前脱贫攻坚时间已经非常紧迫，克服疫情影响必须尽量把问题解决在早期阶段，防止影响持续发酵、扩大蔓延。应在全面加强跟踪监测、精准掌握疫情影响基础上，针对贫困地区脱贫攻坚出现的新困难和新问题，抓紧采取"雪中送炭"式的针对性特殊扶持，提高支持政策的"含金量"，切实防止疫情影响脱贫攻坚目标任务的全面完成。具体建议如下：

一是加大财政金融产业政策支持力度，帮助扶贫龙头企业渡过难关。 各地在推进复工复产政策实施过程中，要把贫困地区扶贫龙头企业、扶贫车间等作为重点优先予以支持。当前最紧迫的是解决资金链和供应链中断问题。针对资金链存在的困难，建议用足扶贫再贷款，支持贫困地区金融机构推行"复工贷"，在对原有贷款进行展期的同时，对复工复产扶贫龙头企业再给予特别贷款，解决企业融资难、融资期限短等问题，缓解周转资金压力。针对供应链存在的困难，在全面推进复产复工各项措施落地、切实清除农业生产资料和农产品流通障碍的基础上，通过东西部扶贫协作、消费扶贫等渠道，着力解决产销对接问题。财政扶贫资金可对带贫企业组织销售贫困户生产的产品、开展市场营销给予适当补贴。

二是加大对分散灵活就业的有效帮扶，促进贫困劳动力充分就业。当前重点是做好家政服务、个体经营等重点群体的专项帮扶，应简化贫困劳动力外出就业创业程序要求，尽快清除省内、省际制约分散灵活就业的不合理规定，立即全面落实低风险地区之间人员流动"必要的健康证明全国互认，不得再设置障碍，不对人员采取隔离措施"的要求，为分散灵活就业人员复工复产提供有力保障。对确因各种原因无法恢复原来就业的贫困劳动力，建议开展包括基础设施建设、住房和饮水安全工程建设、农田水利建设等多种形式的以工代赈，落实优先安排贫困劳动力务工就业的政策举措。对本地龙头企业、扶贫车间、农业规模经营主体雇佣贫困劳动力的，财政扶贫资金适当给予补贴支持，促进贫困人口就地就近就业。

三是解决贫困家庭学生上网课的现实困难，巩固义务教育保障成果。充分发挥驻村工作队、基层扶贫干部作用，调动社会各方面力量，全面摸排上网课存在困难的学生，利用村委会、农家书屋等电脑网络设备，组织开展互助共学等。加大政策支持力度，加快网络通信等基础设施建设，尽快消除信号盲区和死角，有条件地区对贫困家庭学生上网课适当给予流量费补贴。加强重点地区"控辍保学"工作力度，针对易反复的重点学生提前开展"人盯人"专项帮扶，防止疫情结束复课时劝返学生重新辍学。

　　四是全面强化兜底保障，解决好受疫情影响脱贫户的生产生活困难。密切关注受疫情影响的低保户、特困供养户、残疾贫困户等特殊群体，及时将因确诊、集中或居家隔离等导致基本生活陷入困境的家庭和个人优先纳入临时救助范围，安排适当财政专项扶贫资金，全力保障困难群众疫情防控期间的基本生活。加大对部分重点地区和受疫情影响较重贫困户的心理干预，引导贫困群众正确看待疫情和脱贫攻坚，积极投入脱贫致富生产活动。

应区分合法特色养殖与非法饲养
防止禁养范围扩大化影响脱贫攻坚

梁希震　　贺达水

2月24日，全国人大常委会通过了《关于全面禁止非法野生动物交易、革除滥食野生动物陋习、切实保障人民群众生命健康安全的决定》（以下简称《决定》），为禁止和严厉打击非法捕杀、交易、食用野生动物的行为提供了更加严格有力的法律保障，引发各界积极反响和普遍好评。同时也有舆论反映，一些贫困地区特色养殖业可能会受到波及，导致部分从业人员返贫致贫。建议相关部门抓紧明确落实《决定》的政策实施细则和执法标准，尽快公布修订后的畜禽遗传资源目录，切实将合法特色养殖与非法饲养区分开来，促进贫困地区特色养殖业持续健康发展，为实现贫困群众稳定脱贫、高质量完成脱贫攻坚目标任务提供有力支撑。

特色养殖是一些贫困地区培育多年的重要扶贫产业，其作用在短期内难以替代。特色养殖业能够充分发挥乡村资源优势，符合我国农业生产种养结合的传统，是不少地区农民增收致富的好门路。脱贫攻坚以来，由于特色养殖技术门槛相对较低、适合农户家庭经营，不少地区都将其优先列为精准到户的产业扶贫项目，政府给予一定补助，通过龙头企业、合作社等带动，促进贫困户发展特色养殖脱贫。现在，贫困地区特色养殖业的产值、从业人员已初具规模，在脱贫攻坚中发挥着重要作用。贫困地区特别是偏远山区脱贫可选择的帮扶产业有限，特色养殖在短期内也很难转型调整，应当继续予以支持引导。

禁养范围扩大化会让特色养殖场户不堪重负，处置不当可能引发返贫致贫。现行《国家级畜禽遗传资源保护名录》于2014年发布，共收录了猪、鸡、鸭、鹅、牛、马、驼、羊、鹿、蜂、兔等11类、159个畜禽品种。实践中，除目录中的家畜家禽外，养殖场户还饲养了肉鸽、雉鸡、龟鳖、蜗牛等人工养殖利用时间长、繁育技术成熟、已经适应人工养殖环境的食用动物，以及孔雀、狐狸等以毛皮利用、药用、观赏展示等为目的的动物。不少养殖场户反映，近期一些地方对不属于目录内的动物饲养场，一律采取封控隔离、禁运禁售的严格管控措施，存栏动物既不能卖、也不能杀、更不能放，只能继续养下去，不仅没有养殖收益，还要负担饲料成本和人工费用。某贫困地区一家特色养殖公司负责人称，每天光是食物喂养的开支就超过1300元，还不算人力成本和损耗，而公司带动的养殖户几乎家家都有贷款，最多的户有5万元，一旦公司因不准销售产品被迫关闭，将直接导致已脱贫户返贫。

野生动物禁养政策实施细则尚未出台，养殖场户和基层执法人员都盼望尽早明确。养殖场户普遍期盼尽快明确允许合规养殖动物的名录以及配套政策要求，以便他们能够决定去留、调整转型。一些地方基层反映，目前处理野生动物养殖面临"三重难题"，一是养殖从业者的转型扶持问题，二是禁养退出的补偿问题，三是大量存栏动物的收容处理问题，应尽快出台政策举措，防止问题不断积聚、造成不利后果。一线执法人员提出，允许合规养殖的动物名录及执法标准，应该由国家相关部门提出指导意见，避免出现各地执法尺度不一、地区间难以协同的问题，希望尽快出台落实《决定》的细则和实施意见，提高基层执法的可操作性。

为此建议：一是对野生动物在风险评估基础上实行清单管理、分类施策。可考虑将国家和地方重点保护野生动物和有证据证明可能为高风险、高致病性的疫源野生动物纳入禁食动物"红名单"，强化全链条执法，严厉打击非法猎捕、交易、运输、食用等行为；将长期驯化利用、人工繁育技术成熟且经科学研究认定卫生安全的人工繁育动物纳入可食动物"绿名单"，实施严格检疫制度，保障消费安全；尊重部分少数民族风俗习惯，将其他极少部分暂时没有科学证据证明可能携带传染病病毒的人工繁育动物纳入倡导不食"黄名单"，只在特定地区适用。对以上名单定期进行评估、动态调整。二是对现有野生动物养殖户调整转型给予一定的过渡期。今年是脱贫攻坚全面收官关键之年，由于特色养殖业涉及数量众多的农民生计问题，尤其是可能影响到一些贫困地区完成剩余脱贫任务、巩固攻坚成果，建议各地实事求是给予现有养殖户一定过渡期，支持引导转向家畜家禽养殖或发展生态观赏园区等，尽量减轻对农民就业增收的影响。对依法不得继续养殖的动物，不能随意放生或简单掩埋，要依法进行无害化处理，以免造成生态灾难或环境污染。

加大消费扶贫力度 助推决战脱贫攻坚

消费扶贫一头连着扶贫产业，一头连着消费市场，是动员社会力量以消费形式参与扶贫的有效举措，在促进扶贫产业发展、带动贫困群众脱贫等方面发挥了重要作用。当前很多扶贫特色产业已进入丰产期，加上新冠肺炎疫情影响，产品滞销卖难问题日益突出，迫切需要加大消费扶贫力度，更好助力决战决胜脱贫攻坚。

一、扶贫特色产业产销矛盾日益突出，迫切需要加大消费扶贫力度

经过近几年的努力培育，贫困地区扶贫产业特别是特色种养业大多已进入丰产期，但由于拓宽市场销售渠道、建立稳定购销关系还需要一个过程，加之贫困地区储藏设施和加工能力不足、产品难以实现均衡上市，滞销卖难问题日益突出。这几年以"核桃葡萄猕猴桃"为代表的扶贫农产品产量迅速增长，而且各地上

市时间相近，导致销售不畅、价格下跌。扶贫农产品滞销的现象不断增多，解决的难度加大。不少帮扶干部说，当前产业扶贫最大的难题不是"如何把产业做起来"，而是"如何把产品卖出去"。

近些年，党政机关、事业单位、群团组织以及国有企业、金融机构、民营企业、社会公众等，借助政府采购、东西部扶贫协作、定点扶贫等机制，通过电商扶贫、产销对接会、大宗采购等多种形式，有效畅通和拓宽了扶贫农产品销售渠道。在引发舆论关注的诸多扶贫农产品滞销事件中，消费扶贫都发挥了积极作用。2019 年，全国各类组织直接采购和帮助销售扶贫农产品超过 1630 亿元。

今年以来，受新冠肺炎疫情影响，扶贫农产品流通不畅、销售困难的问题进一步加剧。前期贫困地区已经不同程度出现蔬菜、水果、畜禽、水产品等鲜活农产品"卖难"现象，有的迄今尚未得到有效缓解。随着夏秋季节到来，扶贫农产品上市量将不断增多，而餐饮等消费仍然有待提振复苏，预计后期产销矛盾将进一步加剧，滞销卖难问题很可能多发频发。需要引起高度重视，切实通过加大消费扶贫力度等途径加以解决。否则，不仅会严重影响扶贫产业发展，而且还会导致不少已脱贫户、边缘户在脱贫攻坚最后收官阶段出现返贫致贫。

二、制约消费扶贫更好发挥作用的主要因素

一是过度依靠政府包办，市场机制作用发挥不充分。当前消费扶贫主要依靠党政机关、事业单位等财政预算单位购买，大量自发消费群体积极性尚未有效调动起来。某地反映，消费扶贫主要是由对口帮扶单位进行定点采购，多用于职工福利发放，采购

数量相当有限，对解决产品销售的作用不大。某市全年市场消费总额超过 2 万亿元，2019 年上半年消费扶贫总额也达到 57 亿元，但通过双创中心、消费扶贫分中心等调动市民自发购买的消费扶贫产品只有 3 亿多元。如果不利用市场机制调动全社会积极参与，光靠政府部门唱"独角戏"，不仅作用有限而且难以持续发展。

二是帮扶单位"各自为战"，统筹协同效应发挥不够。当前消费扶贫主要依托各单位"点对点"实施，缺乏统筹组织和协调，扶贫产品信息和消费扶贫力量难以互联互通。像作为全国消费扶贫网络采购主要渠道之一的"扶贫 832"平台，截至 2020 年 3 月，平台累计入驻供应商 2003 家，累计上架 832 个贫困县扶贫产品 7480 个，但多数都是固定帮扶协作单位为完成帮扶任务而购买，很少有东西部扶贫协作地区或中央单位去购买其定点帮扶地区之外的农产品，社会消费更是少之又少。"各自为战""任务导向"的消费扶贫组织方式，使得贫困地区扶贫产品被分割成一个个小市场，一些优质扶贫产品不能在大范围推开，导致不少滞销严重的扶贫产品得不到及时销售。

三是扶贫产业大多规模较小，难以满足稳定供应需要。由于特色扶贫产业总体规模较小，不少产品是"有产无量"，达不到大宗采购需求和电商持续供货的要求。东部某城市大客户反映，"西北某地的牛羊肉确实不错，但是产量太小，一想大量采购就没货了"。一些电商平台反映，一些优质扶贫产品经平台积极推介后很快售完，但补货跟不上，消费者想再买就买不着了，影响电商购物体验。此外，还有一些企业存在悲情营销、虚假营销等不良行为，搞一锤子买卖，伤害消费者感情，损害消费者利益。

四是利益联结机制不紧密，贫困农户直接获益较少。普通贫困农户由于缺乏信息、技术、理念，很少直接参与网络销售。而各类电商平台实施的"电商扶贫"行动，都对上线的扶贫农产品提出多项认证要求，普通贫困农户无法直接参与，只能把产品卖给经销商或扶贫龙头企业。通过网络开展的消费扶贫，往往导致扶贫龙头企业获得较大收益，而贫困户获益较少，甚至出现"扶企扶富不扶贫"的现象。

三、加大消费扶贫力度的几点具体建议

一是发挥国内超大规模市场的优势，推动在全国范围配置消费扶贫资源。加强贫困地区扶贫农产品生产流通信息监测，及时发现滞销卖难苗头，统筹调动各方面、各层级消费扶贫资源，创新采取电商直播带货、网络展销会、农产品批发市场专区销售等形式多样的产销对接方式，形成"多点对多点"的网络化消费扶贫格局。

二是充分发挥市场机制作用，调动社会力量更多参与消费扶贫。鼓励支持电商企业、视频直播平台、自有渠道企业、各类农产品批发市场等深度参与消费扶贫，推动形成扶贫产品和采购信息互联互通的消费扶贫生态，帮助城市消费市场与贫困地区生产端建立长期稳定的产销关系。当前各地出台了不少刺激消费的补贴政策，建议把扶贫农产品作为支持重点，引导支持更多市民参与消费扶贫。此外，充分利用"扶贫日"等系列活动，探索建立消费扶贫荣誉激励制度，营造消费扶贫光荣的社会氛围。

三是加强消费扶贫规范发展。开展对各地消费扶贫规范发展的监管和服务，加强对扶贫产品、企业、平台等的认证管理，引导各类消费扶贫企业良性竞争、有序发展，纠正盲目定价、以次充好等短期行为，推动消费扶贫产业持续健康发展。充分发动

"第一书记"、驻村工作队、规模经营主体、本土能人等，加强扶贫产品的组织销售，带动更多贫困农户直接参与消费扶贫，培育贫困群众的市场意识和内生动力。

四是重视发挥消费扶贫对扶贫产业转型升级的引导作用。推动扶贫产业面向消费需求发展标准化、规模化生产，促进扶贫产业链上下游协调发展。深入挖掘贫困地区文旅元素，提升扶贫产品附加值，推动消费扶贫由单一的农产品消费向综合性产品和服务消费转型，增强贫困地区扶贫产业的自我发展能力。

返贫致贫风险正在加快显现
建议抓紧实施超常规防范举措

贺达水　　张伟宾

受新冠肺炎疫情冲击，近期一些脱贫户和边缘户的收入明显降低，返贫致贫风险已经开始加快显现。而目前各地采取的防止返贫机制范围偏窄、力度偏小，难以适应返贫致贫风险明显加剧的新形势。建议尽快实施超常规的防范举措，全面加强提前干预、兜底保障等措施，切实防止脱贫攻坚收官之年出现大规模返贫致贫。

一、新冠肺炎疫情对扶贫工作造成前所未有的冲击，易返贫致贫人口数量将明显超出预期

根据去年底各地摸排情况，全国有近 200 万已脱贫人口存在返贫风险，近 300 万边缘人口存在致贫风险。新冠肺炎疫情直接影响贫困劳动力务工就业和生产经营，导致贫困户工资性收入和经营性收入锐减，明显增大了返贫致贫风险。新增的易返贫致贫人

口主要有：

一是无工可务、无业可就的贫困劳动力。受疫情影响，目前还有近400万建档立卡贫困劳动力尚未外出务工，仍在乡未就业的贫困地区非建档立卡劳动力数量更多。春节以来这些劳动力已1个季度没有务工收入。根据国家统计局数据，2019年农民工月均收入水平3962元。如按贫困家庭每户4人、每户有1名劳动力常年外出务工计算，则家庭工资性收入减少11686元，相当于2019年贫困地区农村居民家庭可支配收入的26.4%。考虑到当前外贸企业订单缩减、经营困难，餐饮酒店商贸等劳动密集型企业有效复工不足，而贫困群众普遍技能不足、缺乏竞争力，务工就业压力大。

二是产品滞销的特色种养户。特色种养业是不少贫困户增收脱贫的重要依托。根据国家统计局全国农村贫困监测调查数据，2019年贫困地区农村居民人均一产净收入2986元，占人均可支配收入25.8%，对收入增长贡献率达16.1%。今年一季度，受疫情影响，贫困地区果蔬、花卉、畜禽、水产品等鲜活农产品滞销卖难多发频发。从国家统计局发布的一季度农村居民收入情况看，经营净收入同比降幅大于工资性收入，表明以农牧产业为主的家庭经营受到的冲击更大。当前，全国餐饮、旅游等消费仍然有待提振复苏，预计后期农产品产销矛盾将进一步加剧，贫困地区滞销卖难问题短期内难以有效缓解。前些年依托畜禽养殖、果蔬种植、乡村旅游等实现脱贫的部分农户，由于家庭经营收入锐减，很可能返贫致贫。

三是缺乏后续帮扶的易地扶贫搬迁户。前几年的易地扶贫搬迁主要是完成住房建设任务，对搬迁贫困户就业、产业等后续帮扶还有不少工作要做。尤其是深度贫困地区搬迁户，就地就近就业机会少，后续帮扶难度更大。如西南某地州已搬迁建档立卡贫困群众 95859 人，目前解决就业 35923 人。西南某省扶贫搬迁 188 万人，数量居全国之首，提出对 40.72 万户有劳动能力家庭做到一户一人以上就业。但相当部分的搬迁户就业是通过扶贫车间、社区小微企业、安置点就近打零工等实现的，就业的稳定性和质量不强。疫情对贫困地区各类企业的影响也比较大，一些扶贫车间、加工企业由于下游产品订单减少、销售受阻而停工，导致搬迁户收入明显下降，而家庭日常开支较搬出前增加，疫情对他们的基本生活影响更大。

四是补助难以如期足额兑现的兜底脱贫户。一些弱劳动能力的脱贫户，由于无法外出务工或开展家庭经营，选择依托公益性岗位、资产收益扶贫等方式实现兜底脱贫，家庭收入来源单一，主要依靠转移性收入。当前部分县财政收支紧张，有的连日常保运转都有困难，公益性岗位、资产收益扶贫等补助难以如期足额兑现。如一些基层扶贫干部和贫困户反映，实施光伏发电等资产收益扶贫，财政可再生能源电价附加补助资金未能及时足额拨付到村到户，相关脱贫户实际生活受到影响。

总的看，过去认为稳定脱贫比较有把握的一些脱贫户和边缘户，由于工资性收入、经营性收入、转移性收入等受疫情影响出现一定幅度降低，返贫致贫概率大，这导致全国贫困地区存在返贫致贫风险的人数将超出此前预期，深度贫困地区超出预期的幅度可能更大。鉴于贫困地区内外部环境变化仍有较大不确定性，务工就业难、产品销售难等情况很可能再延续一段时间，需高度重视并采取措施防止返贫致贫现象集中出现。

二、现行防止返贫机制难以有效解决疫情导致的返贫致贫问题，应抓紧采取超常规的防范举措

当前各地实施的防贫机制，将收入低于扶贫标准 1.5 倍左右的家庭纳入监测，规模一般为建档立卡人口 5% 左右，深度贫困地区原则上不超过 10%，对监测对象采取产业、就业、社保等帮扶措施。总的看，现行防贫机制主要是针对因病、因残、因灾等引发的偶发性返贫致贫，但鉴于新冠肺炎疫情对脱贫攻坚影响范围广、领域多、程度深、时间长，而且直接影响务工就业和农业生产经营这贫困地区农民收入的两大支柱，如果按部就班采取常态下的防贫举措，恐难有效应对疫情冲击。应立足疫情影响实际，采取超常规的防贫举措，有效防范和应对返贫致贫风险。具体建议如下：

第一，扩大监测对象范围。对滞留在乡农民工数量较多、农业产业销售受阻损失较大的县，可考虑放宽甚至取消监测规模上限要求，把零就业家庭、特色种养损失较重户、缺乏后续帮扶的易地扶贫搬迁户等都纳入监测范围，做到应监测尽监测。

第二，全面加强提前干预措施。应针对当前务工就业难和农产品销售难这两大致贫风险源，一村一策、一户一策做好劳务对接和产销衔接，通过有效的提前干预，降低返贫致贫风险。有条件的地区可探索实行"防贫保险""防贫救助基金"等防范机制。

第三，增加兜底保障数量。应加大贫困地区低保、临时救助等政策力度，对基本生活出现困难的家庭、特别是残疾人老年人等特殊贫困群体，采取简便程序及时开展救助，确保应保尽保，切实防止出现基本生活无着的极端状况。

第四，加大贫困县扶持力度。各级财政对基层的转移支付，

应向贫困县和摘帽县倾斜，特别是对保运转存在困难的县倾斜，优先足额拨付公益性岗位、资产收益扶贫应发的补助，增强防止返贫致贫风险的能力。

应把巩固提升脱贫成果作为脱贫摘帽县实施乡村振兴战略的首要任务

——巩固提升脱贫成果专题调研系列报告之一

贺达水   李攀辉

按：今年是决胜全面建成小康社会、决战脱贫攻坚之年。突如其来的新冠肺炎疫情对脱贫攻坚有哪些冲击和影响？面对极为复杂严峻的宏观经济环境，脱贫摘帽县（全国832个贫困县已有780个摘帽，剩余52个将于今年摘帽）如何巩固提升脱贫成果、有效防止返贫和产生新的贫困？怎样做好脱贫攻坚与实施乡村振兴战略的有机衔接？围绕这些各方面比较关心的问题，我室组织11名同志于8月上旬利用暑休时间，由黄守宏主任带队连续第三年赴定点扶贫县——河南省淅川县开展专题调研。此次调研深入贯彻习近平总书记关于扶贫工作重要论述和重要指示批示精神，继续坚持"从全国看淅川、从淅川看全国"的思路，在深入"解剖麻雀"的同时，对全国面上情况进行了综合分析，在此基础上形成了 6 篇调研报告。现予印发，供领导同志参阅。

一、如期完成脱贫攻坚目标任务完全能够做到

今年是脱贫攻坚战最后一年，从中央到省市县乡村各级攻坚保持良好势头，措施实、力度大、针对性强，决战决胜脱贫攻坚各项硬任务能够较好完成。

一是啃下最后脱贫"硬骨头"。从全国面上看，脱贫攻坚挂牌督战力度加大，剩余 266 万建档立卡贫困人口"两不愁三保障"基本实现，能够如期脱贫。从淅川县看，该县在整体实现脱贫摘帽后，对未脱贫的 2557 户 5537 人逐户逐人精准采取供养保障、低保保障、综合保障等方式予以保障，有劳动能力未脱贫户都有到户产业或安排公益岗位，弱劳动力户都已纳入低保，独居老人都已落实供养扶持，剩余贫困人口脱贫任务较好完成。

二是答好疫情冲击"加试题"。各地深入贯彻习近平总书记在决战决胜脱贫攻坚座谈会上的重要讲话精神，统筹推进疫情防控和脱贫攻坚取得决定性进展。截至目前，全国外出务工贫困劳动力数量超过去年，扶贫龙头企业和扶贫车间基本复工复产，扶贫项目建设进展顺利。淅川县与湖北接壤，疫情发生后，淅川县采取紧急措施应对疫情冲击，保障扶贫产业生产不中断，点对点输出贫困劳动力 2.6 万余人、实现"应出尽出"，成立消费扶贫专班拓展扶贫农产品销售渠道、累计签约额超过 7000 万元，有效降低了疫情对脱贫攻坚的直接影响。

三是夯实脱贫成果"家底子"。脱贫摘帽县严格落实责任、政策、帮扶、监管"四个不摘"要求，把巩固提升脱贫成果摆在突出位置，认真整改各渠道发现的问题，脱贫质量进一步提升。以

淅川县为例，全县围绕产业扶贫、就业扶贫、危房改造等重点工作实施"七大清零行动"，开展贫困村退出达标、脱贫人口脱贫质量等"五大回头看"活动，组织对全县 491 个行政村、21798 户建档立卡户进行全覆盖走访，全面查缺补漏，确保问题全部整改到位。

四是打造防止返贫"保险锁"。脱贫摘帽县全面建立防止返贫监测和帮扶机制，对收入大幅缩减或刚性支出大幅上升的脱贫户、边缘户进行动态监测，及时采取针对性帮扶措施。淅川县认真执行防止返贫机制，精准确定监测对象，实现帮扶政策应享尽享。针对农村高龄独居老人、无自理能力人员等特困群体兜底保障难题，淅川县探索实施村级幸福大院集中托管、乡镇敬老院集中供养、社会福利机构集中托养、卫生机构集中治疗康复等"四集中"模式，较好解决了 1988 名特困人口的基本生活保障问题。预计到今年年底，淅川县建档立卡贫困人口能基本清零，实现较高质量的脱贫。

通过连续三年对淅川县脱贫攻坚跟踪调研，结合全国总体进展情况，点面相互印证，我们强烈感到，在以习近平同志为核心的党中央坚强领导下，经过各方面艰苦努力，到今年年底完全能够顺利完成现行标准下农村贫困人口全部脱贫、贫困县全部摘帽的脱贫攻坚目标任务。调研中，广大干部群众对习近平总书记驰而不息亲自抓脱贫攻坚予以高度评价、表示由衷感谢，一致认为打赢脱贫攻坚战是中华民族发展史上具有里程碑意义的重大事件，短短几年间贫困群众生产生活条件显著改善，贫困乡村发生沧桑巨变，交出了一份让人民满意、令世界惊艳的减贫成绩单，具有极为重大而深远的意义。

二、脱贫摘帽县当前和今后一个时期推进乡村振兴的重中之重是巩固提升脱贫成果

调研中，脱贫摘帽县的干部群众非常关心脱贫攻坚之后干什么、怎么干、政策如何调整等问题，普遍担忧减贫战略和工作体系出现大的变化、政策支持力度明显弱化。对此，习近平总书记在决战决胜脱贫攻坚座谈会上明确指出，"可以考虑设个过渡期，过渡期内，要严格落实摘帽不摘责任、摘帽不摘政策、摘帽不摘帮扶、摘帽不摘监管的要求"。目前，有关部门正在抓紧研究脱贫攻坚与乡村振兴有机衔接的政策设计，提出了设立 5 年过渡期的设想，各方面都表示赞成，但过渡期的具体内涵和主要任务尚未明确。我们认为，5 年过渡期的目标应定位为"巩固提升脱贫成果"，同时建议进一步细分为两个阶段，前两年重在"巩固"，后三年重在"提升"。应认真总结近几年脱贫摘帽县的经验做法，将脱贫攻坚的机制体系、政策体系、工作体系等平稳过渡到巩固提升脱贫成果上来，继续对脱贫摘帽县予以倾斜支持。这主要基于以下几方面考虑：

第一，扶贫产业发展基础尚不牢固。脱贫攻坚以来，共实施产业扶贫项目 100 多万个，建成扶贫产业基地超过 10 万个。全国 92% 的贫困户参与了产业发展，67% 的已脱贫人口主要通过发展产业实现脱贫。前几年，绝大多数扶贫产业还处在培育期、成长期，普遍未经历充分的市场竞争洗礼。随着这些产业陆续进入丰产期，市场销售压力明显加大。像淅川县在脱贫攻坚期间大力发展软籽石榴、杏李等产业，扶贫林果种植面积迅速增加到 38.7 万亩，今年起陆续大量挂果，产量将比去年翻番，销售成为最大瓶颈制约。考虑到脱贫摘帽县仓储、加工、冷链物流等现代化设施

建设滞后，科技服务、专业人才等不足，产业发展基础仍然薄弱，干部群众普遍担心，一旦政策支持力度减弱，产业发展将难以为继。

第二，疫情带来的影响不可小视。脱贫摘帽县经济基础和医疗卫生条件差，疫情防控能力相对较弱，产业、就业等受外部环境影响大。虽然前期较好应对了疫情，但其不利影响还在持续，突出表现在脱贫人口就业不稳定、部分外出人员工资收入下降。当前，国际疫情仍在蔓延，国内疫情反弹压力持续存在。疫情对脱贫摘帽县经济社会发展的影响将延续相当长时间，是巩固提升脱贫成果面临的突出变数。

第三，基础设施和公共服务仍有短板缺项。尽管脱贫攻坚显著改善了建档立卡贫困村面貌，但脱贫摘帽县乡村基础设施和公共服务建设总体欠账仍然较大，特别是一些边缘村近些年面貌变化不大。以淅川县为例，全县491个行政村，其中159个为贫困村，近几年道路、饮水、电力、通信、危房改造以及教育、医疗卫生等项目建设，重点向贫困村倾斜，以至于相邻两个村，非贫困村的建设已远不如贫困村。一些非贫困村由于地质灾害风险、生态保护等原因，客观上也存在搬迁需求。如果不持续加大支持，解决好边缘村、边缘户在"三保障"和饮水安全等方面的短板弱项，就很容易产生新的贫困。

第四，防止返贫机制有待拓展强化。防止返贫机制是巩固提升脱贫成果的重要保障。据有关部门调查，截至7月底，各地共有420多万已脱贫人口和边缘人口存在返贫致贫风险，其中有50.7万人是今年以来新增的监测帮扶对象。调研中基层反映，防止返贫机制仍然存在监测对象认定条件复杂、程序繁琐，事前预防措施难落实，帮扶方式以救助为主、相对较为单一等问题。

亟待根据巩固提升脱贫成果的需要不断拓展强化防止返贫机制，并加大对县乡村基层机制运行的支持保障力度，使之真正成为针对相对贫困人口开展日常性帮扶的支柱机制。

总的来讲，贫困县尽管都能顺利摘帽，但与其他地区在工业化、城镇化快速发展条件下全面推进乡村振兴不同，其发展起点低、基础薄，脱贫人口增收长效机制还没有全面建立，县域自我发展能力还没有稳定形成，现阶段具有很强的过渡期特征。对脱贫摘帽县而言，促进脱贫攻坚与乡村振兴有机衔接，并不是要另起炉灶或另辟他径，其首要任务必然是、也必须是巩固提升脱贫成果，而脱贫摘帽县着力巩固提升脱贫成果，本身就是实施乡村振兴战略的应有之义。要看到，农村绝对贫困问题解决之后，相对贫困问题将长期存在，而且主要存在于脱贫摘帽县。对这些县，仍需在较长时期内给予倾斜支持，不能与其他地区推进乡村振兴一样对待，对此应有清醒认识。

三、巩固提升脱贫成果、推进乡村振兴要继续坚持精准方略

习近平总书记准确把握扶贫工作新形势新任务，提出了精准扶贫、精准脱贫基本方略，有力有效解决了农村工作长期以来存在的"大概齐""大水漫灌"等问题，极大提升了帮扶工作的针对性和实效性。精准方略是脱贫攻坚重大的理论创新和实践创新，也是我们做好"三农"工作和各项工作的宝贵财富，应长期坚持和发扬，不断提高"三农"工作的质量和水平。应将精准方略贯穿于巩固提升脱贫成果、推进乡村振兴全过程，做到精准支持、精准巩固、精准提升。具体建议：

（一）对脱贫摘帽县进行综合评估，予以分类支持。支持对象要精准，这是巩固提升脱贫成果需要首先解决的问题。国家实施有组织、大规模扶贫开发以来，对国家扶贫开发重点县的调整，采取"总量不变下的微调"方式，支持力度较为平衡和精细。经过脱贫攻坚，脱贫摘帽县的发展基础和条件总体得到了提升，客观上也出现了内部分化。其中，既有以"三区三州"为代表、远离经济中心、发展基础薄弱的县，也有经济社会发展某些方面存在较突出短板的县，还有靠近中心城市、资源禀赋较好、具备一定产业基础的县。建议打赢脱贫攻坚战之后，实事求是对832个脱贫摘帽县进行综合评估，明确其中需全面重点支持的薄弱县、需在某些方面特别支持的短板县，将帮扶资源精准向这些县倾斜，避免平均用力。脱贫摘帽县也应评估确定需要重点支持的薄弱村、短板村，包括一些相对落后的非贫困村。这是精准帮扶方略在后脱贫时期的新实践。

（二）赋予脱贫摘帽县统筹整合涉农资金更大自主权。这是巩固提升脱贫成果政策举措精准的关键所在。经过近几年精准扶贫的实践，脱贫摘帽县最清楚自身需要巩固提升的领域在哪里，也最清楚如何把财政资金真正用到刀刃上。建议保持中央和省级财政专项扶贫资金户头不撤、渠道不变、力度不减，将支持重点放在脱贫摘帽县巩固提升脱贫成果上。同时，继续加大一般性转移支付对脱贫摘帽县的支持力度，赋予脱贫摘帽县统筹整合涉农资金更大自主权，扩大资金使用方向和领域。只要脱贫摘帽县将整合过的资金用于巩固提升脱贫成果的工作和项目，就视同合规、不予追责。

（三）对脱贫摘帽县特色优势产业发展探索开展领导干部责任制试点。扶贫产业需要长期培育、长期支持方能成为群众稳定脱贫逐步致富的主要依托和解决相对贫困的经济基础，这是各方面的共识。为有效防止基层片面追求"短平快"、避免"换一届领导翻一次烧饼"，应精准落实责任特别是领导干部的责任。建议针对乡村产业培育发展中普遍存在的"重生产、轻市场"等短期行为，强化产业规划约束力，科学延长考核年限，研究对脱贫摘帽县特色优势产业发展实行领导干部责任制，从制度上保障产业发展连续性，促进县乡干部遵循产业发展客观规律，一届接着一届抓，坚持不懈提高产业发展质量。

（四）加快培养打造乡村"不走的帮扶工作队"。调研中，县乡村各级普遍认为，基层党组织不强、人才短缺是巩固提升脱贫成果最大的风险，加强组织和人才保障是"造血式"巩固提升脱贫成果最重要举措。各方面都认为应继续选派优秀干部帮助乡村巩固提升脱贫成果，但也提出像脱贫攻坚期间那样大规模选派干部长期驻村是难以持续的，建议可考虑适当减少人员规模、缩短派驻期限，有针对性地选派发展产业、乡村治理等急需干部。选派第一书记重点应放在加强村党支部建设上，从返乡大学生、农民工、退役军人等中发现人才，将其纳入"村两委"后备力量进行培养。对于在巩固提升脱贫成果方面表现突出的村干部，应给待遇、给出路、给政治荣誉，在乡镇公务员招录等方面给予特殊安排和倾斜支持。

四、几个值得重视并应及早解决的问题

一是尽快明确脱贫攻坚与乡村振兴有机衔接的政策取向和框架。鉴于脱贫摘帽县经济社会发展相对滞后的局面没有根本改变，推进脱贫攻坚与乡村振兴有机衔接，既有利于巩固提升脱贫成果，

又能让基层干部群众和社会放心。建议有关部门抓紧对各项政策举措进行全面梳理评估，明确哪些需要长期坚持甚至加强，哪些需要根据形势变化予以调整或退出，做到分类处理、平稳过渡，并及早将政策框架公之于众，以稳定人心、稳定预期。

二是尽快对"政策断崖"风险进行摸底预判和提前防范。攻坚期结束后，由于一些特惠政策向普惠政策转变，一些具有超常规、临时性特征的政策将退坡或取消，对脱贫村、脱贫户的支持力度客观上不可能再保持攻坚期的同等力度，处理不好，一些领域和地方可能因支持力度骤减而出现"政策断崖"效应。建议对产业类帮扶项目如特色农业、乡村旅游等，摸底评估项目运行状况和成熟程度，对基础较好、有成长前景、需继续支持的，纳入乡村产业振兴重点支持项目，强化市场开拓等政策支持。对社会保障类帮扶项目如兜底措施、公益性岗位、临时救助等，要明确资金投入渠道，纳入预算安排，确保帮扶救助可持续运行，同时研究建立退出机制，实行动态监测评估，防止"只进不出"。此外，对易地扶贫搬迁集中居住区也要在摸底基础上，持续推进解决搬迁户基本公共服务需求，从产业、就业、社会保障等维度推进搬迁社区"二次发展"。

三是尽快研究建立扶贫资产管理长效机制。脱贫攻坚以来，大量扶贫资金通过基础设施建设、发展产业等多种形式转化为扶贫资产。但目前相当部分地区尚未将扶贫资产管理纳入工作范围，也未建立相应管理机制，扶贫资产底数不清、权属不明，经营管理能力不足，存在流失风险。把这些扶贫资产管好用好，使之能长期发挥效益，直接关系脱贫成果的巩固提升和乡村振兴战略的实施。建议尽快出台规范扶贫资产管理的指导意见，抓紧开展扶贫资产清产核资和登记确权。其中，对基础设施、公共服务等公益性资产项目，应做好后续运营管护，明确责任主体、资金来源、管护标准等，避免设施保养不力或闲置浪费。如通村道路、组内道路等，应尽快明确其产权归属、养护主体及养护资金来源，防止失修损毁，确保脱贫群众能长久受益。对扶贫产业、入股出租等经营性资产项目，应提升专业化管理水平，鼓励农村集体经济组织、农民合作社等参与项目运营，促进保值增值，完善收益分配机制，严格资产处置监管，防止跑冒滴漏。

四是尽快研究对未完成的易地搬迁任务的压茬推进规划和政策储备。由于地质灾害易发区避灾需求、生态脆弱区保护需求、基础设施和公共服务建设成本高难度大等情况，以及攻坚期内易地扶贫搬迁存在的应同步搬迁未搬迁人口，目前脱贫摘帽县仍有相当数量的待搬迁户。从国土整治、区域统筹开发保护和民族长远发展等方面考虑，迫切需要针对脱贫摘帽县制定并分阶段实施生态宜居搬迁中长期规划，防止这些待搬迁户成为易致贫人口。建议总结借鉴易地扶贫搬迁经验，结合乡村建设总体规划，研究压茬推进生态宜居搬迁的规划和政策储备，统筹谋划好搬迁布局和资金安排，进一步提升搬迁脱贫成果。

五是尽早防范化解脱贫摘帽县债务和金融风险。脱贫摘帽县大多财力薄弱，自我造血功能尚待健全，财政收入仍然高度依赖上级转移支付，而攻坚期内基础设施建设、公共服务质量提升、产业培育扶持等"补短板"刚性支出多，部分脱贫摘帽县客观上已经形成一定的债务，有的规模还比较大。在金融领域，由于脱贫摘帽县风险防控能力总体偏弱，有的风险隐患已经逐步显现和释放。建议有针对性采取措施，将脱贫摘帽县作为化解债务风险的重点优先支持，重点防范化解对扶贫龙头企业的扶贫贷款、对建档立卡户的扶贫小额信贷等风险，兼顾巩固提升脱贫成果和缓释金融风险的需要，帮助脱贫摘帽县减轻负担、降低风险，使脱贫摘帽县能够轻装上阵，更好巩固提升脱贫成果。

六是尽快明确将扶贫机构转型为推动脱贫成果巩固提升、解决相对贫困问题的专司机构。对攻坚期后扶贫机构存续问题，各级扶贫干部都很关心。有的地方扶贫干部因担心去留而人心浮动，甚至一定程度上影响了部分地区的攻坚士气。从国际经验和国内扶贫实践看，促进落后地区发展，缩小与其他地区的差距，解决相对贫困、实现共同富裕，专司机构不可或缺。设置专司机构，有利于及时反映脱贫摘帽县面临的特殊困难，有利于更加精准地把握巩固提升脱贫成果的重点和难点、聚焦资源和政策予以倾斜支持，也有利于加强扶贫资产管理、促进帮扶项目可持续运行。建议根据巩固提升脱贫成果、解决相对贫困的新形势新任务，将现有扶贫机构改组为欠发达地区发展促进机构，统筹各方面资源支持脱贫摘帽县经济社会发展。

脱贫摘帽县仍需强化财力保障

——巩固提升脱贫成果专题调研系列报告之二

潘国俊　　牛发亮　　包益红

党的十八大以来，各级财政用于脱贫攻坚的资金投入规模和财税政策支持力度前所未有，成效也有目共睹。通过对全国面上的分析，结合淅川县调研，我们认为，2020 年贫困县全部摘帽后，要继续强化财力保障，保持资金投入和扶持政策的连续性，推动脱贫成果巩固提升、促进乡村振兴。

一、强化脱贫摘帽县财力保障十分必要

这些年，各级财政持续大幅增加脱贫攻坚资金投入，贫困县财力明显增强。2015—2020 年，中央财政专项扶贫资金由 461 亿元增加到 1461 亿元，连续五年保持每年 200 亿元的增量；县级基本财力保障机制奖补资金由 1778 亿元增加到 2979 亿元，年均增长 13.8%，重点向贫困地区等倾斜。教育、医疗卫生、住房保障、

交通等行业扶贫投入力度显著加大，贫困地区民生保障水平大力提升。从河南全省看，2016—2020 年统筹安排的专项扶贫资金年均增长 22.9%，比财政支出增速高 14.7 个百分点。从淅川县看，2016—2020 年财力年均增长 15%，为今年该县脱贫摘帽提供了坚实资金保障。

脱贫摘帽县财力基础普遍薄弱，财政收支矛盾大的状况在摘帽后仍将持续。主要表现为三个特征。一是本级财政收支缺口大，对转移支付资金形成强依赖。全国 832 个贫困县的财政支出中，本级财政收入平均只占 15% 左右，来自上级转移支付约占 85%。2019 年，河南省 53 个贫困县（含国贫县和省贫县）本级财力缺口平均为 40.2 亿元，是本级财政收入平均数的 10.7 倍。2017—2019 年，淅川县财政收入增速分别为 9%、8.3%、8.6%，但同期财政支出增速分别为 11.2%、13.6%、20.7%，支出增速比收入增速快，且快得越来越多。淅川县预计，未来三年即使考虑了上级转移支付，财力缺口平均每年还在 3 亿元以上。二是"吃饭财政"特征明显。脱贫摘帽县的财力相当部分用来保工资、保运转，用于支持发展的资金不足。2019 年，淅川发工资的财政支出 17 亿元左右，是本级收入的 1.7 倍。三是摘帽后的财力需求有增无减。脱贫摘帽县有相当部分群众是较低收入群体，医疗、就业等扶持力度一时难以退出。同时，脱贫摘帽县自我发展能力相对较弱，产业发展的脆弱性、不确定性较大，新冠肺炎疫情对扶贫产业带来较大冲击，巩固提升脱贫成果、接续推进解决相对贫困、实施乡村振兴，都需要继续强化财政投入保障。淅川县还反映，作为南水北调中线工程核心水源地，生态环保要求高，一些地域特色项目想上却上不了，影响群众增收，持续巩固脱贫成果的压力较大。此外，这些年持续实施减税降费，财政减收也不少。如果财力保障跟不上，这些因素叠加影响，一些脱贫摘帽县有可能重新陷入困境。

增强脱贫摘帽县的财力保障是有基础、有条件的。贫困县财政支出占全国财政支出的比重约为 20%，河南 53 个贫困县财政支出占全省财政支出比重是 26.5%，维持甚至适度提高这个比重，全国财政可承受。同时，我国经济长期向好的基本面没有改变，未来一段时期我国财力还将逐步增强，稳定和适当加大对脱贫摘帽县的转移支付力度，财政可以支撑。

二、加大力度和完善制度并举

建议综合施策，资金投入和政策完善同步发力，使脱贫摘帽县的财力稳中有升。

一是继续加大转移支付力度。保留并调整优化财政专项扶贫资金，资金规模在保持总体稳定的基础上力争每年适度增长。持续加大脱贫摘帽县重点生态功能区转移支付力度。过渡期内，这些资金重点用于巩固提升脱贫成果，支持刚刚脱贫摘帽地区改善发展环境、提升产业发展水平、提高基本公共服务能力等。稳定兜底救助类政策，通过现有社会保障资金渠道，对低收入人口实施救助帮扶等。

二是完善和推广涉农资金整合政策。整合涉农资金能够聚零钱为整钱，集小钱成大钱，解决资金"小散乱"和项目安排"碎片化"的难题。2016—2019 年，全国 832 个贫困县整合资金 1.26 万亿元。2016 年以来，河南省扩大涉农资金整合范围，全省 63 个试点县整合各级财政涉农资金 1009.7 亿元，其中 38 个国贫县整合 768.2 亿元，有力提高了项目资金使用精准性和规范性。淅川县整合了 19.9 亿元，认为这个做法非常好，有利于地方因地制宜安排资金投向，能够用在最需要的地方。目前，大部分县级可用财力相对有限，建议延续执行并逐步完善涉农资金整合政策，扩大政策适用地区范围，在加大财力下沉的同时，提高县级财政使用涉农资金的自主权和灵活性。

三是调整完善财政扶持政策。脱贫攻坚期间，中央财政运用税收优惠、财政补贴、贷款贴息、政府采购等政策工具，调动企业、社会、个人参与扶贫的积极性。其中的一些政策，比如支持易地扶贫搬迁、促进贫困人口创业就业、引导社会力量参与扶贫捐赠等相关税费政策，将陆续于 2020 年底至 2022 年底到期。建议适时进行统筹评估，分类调整完善，总体以延续实施为主。

四是减免公益性建设项目县级配套资金。中央已经明确，国家在贫困地区安排的公益性建设项目，取消县级和西部集中连片特困地区地市级配套资金。由于诸多原因，有的投资领域还要地方配套 40%—60% 不等的资金。调研了解到，2017 年以来，淅川县有 17 个建设项目，总投资 9.67 亿元，但需要县级配套 5.05 亿元，占 52.2%，其中的一些公益性建设项目也要求县里配套。由于配套资金压力大，导致一些项目建设缓慢。建议进一步减免脱贫摘帽县建设项目特别是公益性建设项目的配套资金，加大中央和省级财政投资补助比重，缓解县级财政压力。

五是继续加强财政资金监管。目前已建立起财政扶贫资金动态监控平台，同时通过加强审计监督等方式，及时发现和纠正了一批扶贫资金违规使用问题，提升了扶贫资金使用的安全性、规范性。建议完善扶贫资金动态监控机制，确保资金不被挤占挪用。

三、以用好用活专项债资金为抓手增强脱贫摘帽县持续发展能力

2015 年我国开始发行地方政府专项债，到今年底新增专项债规模累计将达到 8.55 万亿元，有效改善了地方基础设施条件，推动了教育、医疗等社会事业发展。河南今年首批发行的医院建设类专项债券 127.7 亿元，有力促进了市县公共卫生建设补短板。近年来，淅川县使用了近 10 亿元的专项债，迁建县人民医院和新建县一中高中部，对改善群众就医上学发挥了重要作用。淅川县反映，该县还有 20 多个项目符合专项债使用要求，未来专项债还有空间和潜力。

调研中了解到，专项债的发行使用也有需要进一步改进的地方。

一是拓展专项债使用领域。目前专项债重点用于交通基础设施等"7+4"重点领域，但其他领域也有一些符合专项债券使用要求的好项目，在审核时被排除在外。建议对项目不搞"一刀切"，对确实符合条件、准备成熟的其他领域项目，也纳入专项债支持范围，尤其是加大对巩固提升脱贫成果、推进乡村振兴等领域项目的支持力度。

二是简化法定审批程序。目前的政策要求地方在专项债额度下达的当月就启动发行，一个月内发行完毕。但预算法规定，增发地方债是预算调整事项，发行前 30 天要报同级人大常委会初审，债券发行的时间要求与法定审批程序之间存在冲突。建议特殊时期简化地方债发行审批机制，允许地方在核定的新增债务限额内，向同级人大常委会备案后先发行使用债券，人大常委会会议召开

时再报送预算调整方案，避免时间安排上的矛盾。

三是明确和细化专项债项目审核标准。这几年，地方申报专项债积极性很高，但对审核标准了解不够，项目淘汰率很高，有些甚至淘汰 70% 以上。建议明确和细化项目审核标准，对项目申报领域等提前进行明确并在一定时期内保持相对稳定，以便各地按照标准提前开展工作，提升项目准备的效率和质量。

四是搭配好一般债与专项债。与专项债相比，一般债使用条件较为宽松，而且可以借新还旧。有地方反映，一些省把一般债主要留在省本级使用，把专项债下放到市县基层。由于市县基层很多项目特别是市政建设项目都是没有收益的公益性项目，对一般债的需求很大。建议督促各省合理搭配一般债和专项债结构，提高市县特别是脱贫摘帽县的一般债比重。

五是高度关注 2 年后专项债还本风险。目前一般债可以通过发行再融资债券借新还旧，但新增专项债到期要还本，不能发行再融资债券。按照期限测算，全国各地将在 2022 年后进入专项债还本高峰期。2019 年前，1/3 左右的专项债用于土地储备，地方政府可以借助土地出让收入偿还专项债本息，今年开始专项债不得用于土地储备，2022 年后部分地方专项债的还本将主要依赖财政资金，财政有可能不堪重负。建议高度关注 2 年后专项债还本压力，提早谋划对策，在防范地方政府道德风险、确保专项债借用还可持续的情况下，防范化解县级特别是脱贫摘帽县专项债还本风险。

调研中，脱贫摘帽县还希望给予税费支持。据抽样调查，当地近 6 成企业反映今年上半年营业收入同比减少；半数企业表示现有订单只能维持 1 个月左右生产；部分企业认为税费偏重。当地有关部门和企业建议：完善税费减免等优惠措施，促进脱贫摘帽县招商引资和产业转型升级；对困难地区、困难企业适当延长社保减免等助企政策期限，最大程度保留政策利好；相关优惠政策要解读到位、执行到位、服务到位，确保得到有效落实。

巩固产业扶贫成果需坚持和完善消费扶贫

——巩固提升脱贫成果专题调研系列报告之三

杨春悦　　徐紫光　　方松海

消费扶贫是动员社会力量以消费形式参与扶贫，进而拉动扶贫产业发展、增加贫困人口收入的有效措施。当前许多地方扶贫特色产业进入丰产期，但销售面临较大压力，处理不好可能影响扶贫产业持续发展。从淅川调研和面上情况看，坚持和完善消费扶贫这一体现中国特色社会主义制度优势的重要举措，以支持销售方式对扶贫产业"扶上马、送一程"，应成为巩固产业扶贫成果的当务之急和带动扶贫产业转型升级的关键之策。

淅川县近5年新发展软籽石榴、杏李等扶贫林果38.7万亩，今年起陆续大量挂果，产量将比去年翻番，销售成为"幸福的烦恼"。淅川县深入贯彻习近平总书记"开展消费扶贫行动"的重要指示精神，把消费扶贫作为促进扶贫产品销售、巩固脱贫成果的大事要事，成立工作专班有力推进。今年已通过消费扶贫方式，实现近年培育的扶贫产品签约额超过7000万元、销售3870万元，有效缓解了销售难问题，像 77% 的杏李产量就以消费扶贫方式售出。其主要做法有：一是大力拓宽消费扶贫销售渠道。在对接扶贫 832 网站和定点帮扶单位基础上积极拓展销售空间，线上入驻中国移动、中国工商银行等 20 余家大企业销售平台，线下与河南万邦、商丘农批等大型农产品批发市场签订销售协议，向 10 余家外地机关单位食堂集中供应农产品，并在县内推动扶贫产品"进机关、进医院、进超市"，多措并举促进扶贫产品销售。二是有针对性补上消费扶贫产品销售服务短板。为克服销售企业各自为战、产品质量把控不严、存在短期行为倾向的不足，淅川支持组建淅有山川农业公司，发挥其专业运作优势，统一使用"淅有山川"区域公用品牌，统一组织货源、物流配送、售后服务，提升了流通配送的精细化、规范化水平，改善了消费者体验。三是多途径优化扶贫产品供给。建成 12 座冷链仓库、26 座村级小冷藏室促进产品错峰销售、均衡上市，鼓励龙头企业开发果酒饮料、香菇粉等加工产品，指导贫困户嫁接修剪 3.1 万亩果树以改善产品品质，与河南桐柏等地开展产销协作来丰富产品种类，增强了产品吸引力和市场竞争力。

许多脱贫摘帽县面临与淅川类似的问题。脱贫攻坚以来，共实施产业扶贫项目 100 多万个，建成扶贫产业基地超过 10 万个。扶贫产业特别是特色种养业的发展，带动了全国相关产业规模的快速扩大。比如，从 2013 年到 2018 年，药材播种面积增长了 45%、采摘茶园面积增长了 30%，柑橘、红枣、葡萄产量分别增加了 29%、27%、26%。随着这些产业进入丰产期，产量还将持续增加。而脱贫摘帽县普遍市场流通体系不健全，销售渠道开拓能力不强，仓储保鲜加工设施不完善，产品竞争能力不足。这些问题再加上疫情等原因造成的国内外消费需求下降，如果单纯依靠原有市场渠道销售，扶贫产品很可能面临销售不畅、价格暴跌局面，来之不易的产业扶贫成果不仅不能"变现"，还有被推倒重来的风险。当前和今后一个时期亟需深化消费扶贫、扩大产销对接，支持仍处于发展初期的扶贫产业成长壮大，打牢巩固脱贫成果、推进乡村振兴的产业基础。

第一，推动形成"点对点"与"多对多"相结合的网络化消费扶贫格局。依托东西部扶贫协作和中央单位开展"点对点"消费扶贫，有助于压实帮扶责任，也取得了一定成效。但各地各单位购买能力、购买需求与扶贫产品数量品种并不完全匹配，"各扫门前雪"式的组织方式使扶贫产品难以进入更大市场，扶贫产品和各方面消费扶贫资源未充分对接。建议适度减少对"点对点"消费扶贫考核，建立健全发展"多对多"消费扶贫的工作机制，完善相应激励政策和产销信息共享对接平台，并支持在供销合作社销售网点、农产品批发市场、大型商超、连锁便利店等设立扶贫产品销售专区，依托央企网络销售平台、电商企业、视频直播平台等开展扶贫产品销售，大力培育农产品供应链企业等专业化市场主体，促进线上线下销售融合互动、扶贫产品供应和采购顺畅对接。

第二，加大脱贫摘帽县流通物流设施建设力度。目前脱贫摘帽县缺乏产地批发市场和冷链物流等设施，导致货源组织难、产品损耗大，成为制约消费扶贫的突出瓶颈。这些设施投入大、回报周期长，社会资本投入积极性不高，亟需发挥财政资金引导撬动作用。建议财政专项扶贫资金和整合的涉农资金以更大力度支持产地批发市场、分拣包装、冷链物流等流通设施建设，增加地方政府债券用于流通物流设施的投入，并通过加大担保贴息奖补规模、扩大政府和社会资本合作等方式吸引社会资本投资，集聚各方资源改善扶贫产品流通条件。

第三，加强消费扶贫宣传推广。目前社会公众对消费扶贫的认知认可度还有待提高，自发消费扶贫产品的潜力尚未充分释放，需更好调动全社会力量，形成"人人皆可为，人人皆愿为"的浓厚氛围。仅依靠脱贫摘帽县宣传推介各地产品，成本较高、效果也有限。建议有关部门把消费扶贫作为整体品牌统一宣传推广，依托主流媒体加大宣传力度，把消费扶贫打造成像希望工程一样深入人心的标志性品牌，把全社会对脱贫攻坚伟大成就的高度评价转化为对扶贫产品的消费热情、对扶贫产业的有力支持，为脱贫摘帽地区和群众逐步致富加油助力。

第四，以消费扶贫引导带动扶贫产业转型升级。长远看，扶贫产业最终要在市场竞争中求生存谋发展，不可能一直依靠特殊政策"包销"。通过消费扶贫，让生产者了解消费者需求，是以需求为导向调整完善生产供给、提高扶贫产业质量的有利契机。建议指导支持脱贫摘帽县抓住消费扶贫的政策窗口期，推动扶贫产业面向消费需求发展标准化、规模化生产，推行质量安全追溯体系，促进农产品加工转化，培育推广区域公用品牌和农产品地理标志产品，并规范扶贫产品认证标识，防止借消费扶贫之名抬高价格、以次充好等行为，提升扶贫产品知名度和美誉度。

大力增强脱贫摘帽县县城综合承载能力

——巩固提升脱贫成果专题调研系列报告之四

包益红

县城是城乡融合发展的重要纽带，是实现乡村振兴的重要支撑。乡村振兴本质上是新时代城乡关系的再塑造，是县域内经济社会发展的全域振兴，必须发挥好县城承上启下的关键作用，不能将乡村振兴简单理解为农村振兴，不能将新农村建设简化为新村庄建设甚至简化为新房建设。推进脱贫摘帽县县城发展，特别是增强综合承载和辐射能力，是巩固提升脱贫成果、实施乡村振兴战略的迫切需要，也有利于拉动内需、促进就业、推进新型城镇化工业化。很多脱贫摘帽县产业发展、基础设施建设潜力大，劳动力等资源丰富，具有较大的后发优势。把这些县城建设好、发展好，就能推动形成新的经济增长点。围绕提升县城公共设施和服务能力、促进当地经济社会发展特别是产业发展和就地就近就业，我们在淅川县作了调研。现将主要看法和建议报告如下：

一、支持脱贫摘帽县县城增强承接产业转移和本地就业能力

总体上看，脱贫摘帽县产业基础比较薄弱，自我发展能力不强。淅川是南水北调中线工程渠首所在地和核心水源区，很多产业发展受到限制，农村剩余劳动力就业主要依靠外出打工。据统计，该县现有农村劳动力 20.7 万人，其中 3/4 外出务工，县内仅能解决农民工就业 3.2 万人、约占农民工总人数的 15%，主要从事建筑、餐饮、快递以及加工组装。县内农民工月收入 2500 元左右，约为外出打工者的一半。疫情发生以来，一些农民工"二次返乡"，加大了当地就业压力。巩固提升脱贫成果、推进乡村振兴，根本上还是要靠发展契合县域资源优势、就业带动力强的特色支柱产业。

从这些年的实践看，脱贫摘帽县发展产业不能分散于乡、村之中，必须向县城及中心城镇集中，形成有一定规模的产业聚集区。当前，沿海地区部分产业面临向境外转移还是向国内梯度转移的抉择，应采取有力措施，将部分适宜于脱贫摘帽县发展的产业尽可能转到县城及中心城镇。建议制定脱贫摘帽县县城承接产业转移的一揽子支持举措，实行差异化财税、社保、金融等政策，鼓励承接发达地区传统产业、劳动密集型产业转移，比如农产品加工、纺织服装、轻工、机电产品组装等产业。鼓励发展电子商务、现代物流等直接间接带动就业量大的产业。指导有实力的国企、民企与脱贫摘帽县开展产业协作，把更多产业投资项目放到县城。改造提升县城产业园区包括扶贫产业园，在规划、用地、资金等方面给予倾斜支持。对符合国家环保要求和产业政策、带动就业能力强的县城制造业企业，提供中长期贴息贷款支持，鼓

励开展技改、固定资产投资。加强对本地农民工的适应性、提升性技能培训，为承接产业转移做好相应的人力资源准备。

二、支持脱贫摘帽县县城补上"两新一重"建设短板

在脱贫攻坚过程中，贫困村基础设施短板等问题基本已得到解决，但脱贫摘帽县城镇建设欠账依然很多，与东部县城乃至本省经济强县相比都有较大差距，成为制约当地发展的"瓶颈"问题。以淅川为例，该县城镇化率为44.6%，全县人均公路里程为0.005公里，是河南唯一一个县城不通铁路、高速、国道的"三不通"县。县城传统基建比较落后，排水管道管径细，堵塞和内涝问题时常发生；县城污水处理厂日处理污水能力6.5万立方米，难以满足保水质需要。工业互联网等新型基础设施短板凸显，制约了产业转型升级。

考虑到脱贫摘帽县财力薄弱、县城各类设施欠账较多，建议国家将其作为"两新一重"建设的重点支持对象。一是补齐交通基础设施等"短板"。对脱贫摘帽县交通建设予以专项扶持，减免地方配套资金。支持水电气管网等县城基础设施建设。二是支持人居环境改造升级。脱贫摘帽县县城老城区棚改、老旧小区改造等任务较重，但建设资金严重匮乏。以淅川为例，当地测算棚改安置房建设资金缺口近7亿元。建议国家在推进以县城为重要载体的新型城镇化建设中，对脱贫摘帽县予以特殊扶持，将已到期的棚改政策延长3—5年，加大老旧小区改造资金支持力度。三是推动发展数字化智能化基建。脱贫摘帽县县城新型基础设施建设也应提前布局。支持有条件的中西部地区县城加强工业互联网等

新型基础设施建设，在工业基础较好的县城打造绿色智能、集约高效的现代化"智造"体系。

三、支持脱贫摘帽县县城加快公共服务体系建设

完备的公共服务体系是打造良好营商环境不可或缺的重要内容。脱贫摘帽县在教育、医疗、文化、科研等方面存在较多短板，制约了项目招引和人才引进，也不利于巩固脱贫成果、推进乡村振兴。比如，淅川不少企业反映，很难吸引高层次人才，来了也留不住。当地骨干企业开出50万元年薪招聘科研人员但无人应聘，而一二线城市以30万元年薪就能招聘到同等科研人员。很多淅川籍大学毕业生也不愿回本地就业。

脱贫摘帽县县城集聚全县优质公共服务资源，应坚持因地制宜、科学规划，适当超前布局公共服务体系建设，巩固提升"三保障"能力，增强当地营商竞争力。一是提升教育医疗文化等公共服务设施水平。综合运用财政、金融政策，支持县级中学、县级医院等提质升级，鼓励发展育幼养老机构，补上文旅、体育等设施短板。引导生态环境良好、旅游资源丰富的县城发展康养服务等。二是强化县城科研资源共享能力建设。调研中，不少企业表示，研发投入再多都不为过，产品创新对于扛过疫情冲击、开拓新市场起了大作用，疫情以来能够化危为机、扭亏为盈靠的就是产品创新。建议除了企业自身研发投入以外，国家应对脱贫摘帽县创新型企业给予特别资助支持，鼓励科研院所与脱贫摘帽县相关企事业单位加强合作，鼓励共享科研资源。三是加大人才培养引进力度。在脱贫攻坚结束后，对脱贫摘帽县的专项招生计划

再延续一段时间，研究制定人才免费定向培养计划。鼓励和支持高层次人才、大学毕业生、研究生到脱贫摘帽县工作一段时间，在编制、职称、工资待遇、个人所得税等方面给予特殊对待。

多措并举补齐脱贫摘帽县人才短板

——巩固提升脱贫成果专题调研系列报告之五

王存宝　　王涛　　刘一鸣

　　巩固提升脱贫成果、实施乡村振兴战略，人才是关键。资金、政策、项目等要素真正落地，关键还是在人。从对淅川县的调研情况看，目前脱贫摘帽县既面临引才留才难的普遍性问题，也存在人才活力释放不充分、引才政策不精准等机制性问题。人才支撑不足，已成为脱贫摘帽县的突出短板，直接影响脱贫成果巩固提升和扶贫产业可持续发展。要创新政策机制，吸引各类人才到基层干事创业，为乡村振兴筑牢人才基石。

　　一、畅通村干部职业发展通道。村干部队伍是巩固提升脱贫成果、推动乡村振兴的基础力量，稳定和优化村干部队伍至关重要。截至2018年底，全国共有村委会54.2万个，村委会成员221.5万人，加上每个村1名党组织书记，平均每个村有5名村干部。2015年以来全国累计选派第一书记约52万人，目前仍有约24万人在岗。统算下来，村干部总量并不少，但人员结构、年龄结构失衡等问题较为突出。据调查，全国大部分地方村干部平均年龄在 50 岁以上，淅川县最近一次村"两委"换届后，村干部平均年龄仍然达到 53.7 岁。基层反映，由于待遇低、环境差、发展空间小，年轻人不愿来、留不住，许多大龄村干部也难以专心工作，基层队伍稳定性不足，亟待优化。加固村干部这个"底座"，关键是要畅通职业发展通道，增强基层岗位吸引力。一是健全从优秀村党组织书记中选拔乡镇干部机制。可每年在乡镇拿出一定岗位，定向招收优秀村党组织书记，逐步提高具有村党组织书记工作经历人员在乡镇领导班子中的比例。二是进一步突出选人用人的基层导向。目前淅川县乡科级后备干部全部下派到村任第一书记，可借鉴这一做法，并逐步扩大下派范围，推动更多乡科级干部具有在农村一线工作经历。三是强化对村干部的教育培养。增加村干部参加教育培训的规模和频次，探索组织高中及以下学历的村干部到高校学习，鼓励相关高校和专业定向招录符合条件的大学生村干部攻读研究生。

二、盘活用好脱贫摘帽县本土人才资源。 脱贫摘帽县有大量熟悉情况、有干事创业热情的各类人才。即便是引进人才，也只有实现"本地化"，才能更好发挥作用。调研中不少干部群众反映，一些退休的老干部、企业管理和技术人员仍希望继续投身乡村发展。目前全国已有 850 万人返乡入乡创业、约 80% 为返乡农民工，淅川县近 3 年通过创业担保贷款支持了 791 名返乡农民工创业，超过 20% 从事种养等产业。与此同时，本地人才虽总量不少，但限于培训师资不足、文化和技能水平低等因素，也存在与产业发展、乡村管理需求不相适应的问题，亟待提高质量、提升层次。在推进乡村振兴过程中，应立足当地、大胆创新，更大激发本土人才潜能。一是不拘一格选配人才到基层工作。对本地各类人才，特别是群众工作经验丰富的退休人员、深耕专业的行业专家，以及优秀的返乡农民工、退役军人等，可通过公开选拔村干部、支持设立专家工作室、退休返聘等多种形式，为他们投身乡村振兴创造积极条件。二是培育一批乡村产业技术人才。聚焦巩固和扩大产业扶贫成效，对乡村产业涉及的分拣包装、冷链物流等环节技术人才，引导科研院所、龙头企业提供技术和培训支持，加强农业合作社、涉农创业主体及种养农户等人员培训，提升脱贫摘帽县特色产业的人才竞争力。

三、完善基层人员待遇保障机制。待遇水平低、保障不稳定，是导致很多地方人才下不去、留不住的一个重要原因。目前淅川县村支书和村委会主任月收入约2000元，村"两委"其他成员更低，而当地农民外出打工月收入多在4000元以上，在本县打工也有2500—3000元。多数服务类、技术类人员，如农机手、电商运营人员等仅3000元左右，乡村医生、电路管护人员等2000元左右，有的工资还不能正常发放。应采取多种方式稳定基层队伍收入，强化待遇保障。一是对收入明显偏低的村干部，应在财力允许情况下，逐步提高村干部基本报酬补助标准。目前部分脱贫摘帽县村干部基本报酬由县、市财政按比例分担，针对地方财政收支平衡压力加大的困难，可探索通过加大转移支付方式确保按时足额发放。对村干部普遍关心的养老保险问题，应鼓励以灵活就业人员身份参保并给予补贴。二是对特岗教师、乡村医生、"三支一扶"等基层服务岗位，既要扩大招募规模，适度提高相关补贴标准，更要严格落实服务期满优先入编、定向招录等政策，并适当扩大比例。拓展公益性岗位政策功能，将部分基础设施管理维护、公共服务等具有公益性质的岗位纳入临时性补贴范围，弥补部分收入不足问题。

四、支持基层实施更灵活精准的人才政策。人才需求掌握不准确、引才招才盲目追求"高大上"等问题，与基层待遇水平、生活工作环境和公共服务缺乏吸引力相互影响，加剧了基层用人难。以淅川为例，该县公共服务、产业技术等方面人才较为短缺，全县的养殖场和屠宰场配备了12名兽医，但仍有15人缺口；农机操作、水路管护、电商运营等人员缺口从100人至2000人不等。该县在15个乡镇设立了7个区域农技站，普遍面临有站无人的困境。制药、汽车配件、林果等主导产业技术人才短缺问题突出，部分企业由于招不到人，只能把研发中心建到上海等地，人工成本也成倍上涨。但与此同时，一些脱贫摘帽县对引进教育、医疗等类型人才不够积极，而是盲目设定高层次人才认定范围，将两院院士、国家最高科技奖获得者等人才划入引才范围，明显脱离实际。应指导基层根据需要灵活施策、精准引才，有效解决人才供需匹配问题。一是对设计研发、农业技术等方面的高端人才，鼓励采取技术入股、合作、租赁、协作等方式引进人才，形成长效合作机制。探索与高校、科研院所等在本地设立研发机构、教学实践基地，开展技术人才双向交流学习。二是对乡村产业和乡村管理所需的支持性人才，比如农机操作、水路管护、兽医等，鼓励兼职从业、跨区域人才共享，通过多种方式扩大供给。三是探索点菜式的人才服务方式，对脱贫摘帽县人才需求和缺口进行摸底，采取基本需求和定制需求相结合，在职称评定、职业资格认定等方面给予基层更大弹性空间，为巩固提升脱贫成果、推进乡村振兴提供坚实的人才保障。

脱贫摘帽县医改如何落实预防为主方针

——巩固提升脱贫成果专题调研系列报告之六

王敏瑶

预防是最经济最有效的健康策略。脱贫摘帽县财力有限、医疗卫生基础薄弱，无论是应对疫情的现实需要，还是用较小成本维护群众健康的长远要求，都应更加坚定地落实预防为主方针。但要做到这一点，仅仅依靠公共卫生专业机构开展工作是远远不够的。应将预防为主贯穿县域医改全过程、各方面，充分调动医疗卫生机构做好公共卫生工作、促进医防结合的积极性主动性创造性，广泛激发人民群众参与爱国卫生运动的活力动力，共同打造适应县域特点的公共卫生防线。

一、疾控体系建设应全面提高专业能力

公共卫生工作具有很强的专业性，疾控体系能力上不去，就难以指导和保障县域内各项公共卫生工作的有效开展。但调研中

发现，包括淅川在内的脱贫摘帽县县级疾控中心面临较大的生存发展困境。一是招人难。去年县里拟为疾控中心招聘5名本科毕业生，但最终无人报考。今年将学历要求降至大专，最终招到4人。由于我国目前专科层次的公共卫生专业较少，招到的人都是临床医学或检验等专业，如要承担流行病学调查、环境卫生监测等工作，需入职后进行大量培训。二是人员总量不足、结构老化。按照每万人口1.75人的编制配备标准，县疾控中心应核编117人，但实际编制只有75人；目前在编61人，其中有15人将在5年内退休。与医疗机构具备较为成熟的继续教育体系相比，疾控中心缺乏制度化的在职培训，容易出现老员工知识更新慢、新员工熟悉业务慢的"青黄不接"状况。三是激励机制不活、制约业务发展。按照规定，疾控中心不能通过提供社会化服务收取费用。一些科室如结核病防治门诊，虽然提供的服务与医疗机构相同，但由于不能收费，影响了人员积极性；还有一些科室如消杀科，与其他多个科室合并办公、人员兼职，只能承担一些指令性任务，无法兼顾企事业单位个性化的消杀需求。四是人员工资普遍偏低。我们访问的一位有30年工龄的检验科长，月收入不足4000元，但这已是中心内部人员收入的较高水平。刚入职的毕业生往往收入只有1000多元，比县里农民工的打工收入都低。临床专业学生"跳槽"去医院、本科毕业生考研深造等是常事。

到了乡村基层，承担公共卫生工作的专职人员更为匮乏。乡镇卫生院预防保健科（站）虽然有编制数保障，但人员学历层次和专业素质普遍不高，很多都是医疗岗位难以安排的"冗员"，有的还是兼职工作。到了村一级，村医收入往往与服务人口数相关，导致一些人口少、地处偏远的村庄难以留住村医。一名村医同时服务两三个村，做好日常诊疗服务尚且力不从心，更难以兼顾公共卫生服务。

针对调研发现的问题，提出如下建议。一是培养满足县域需求的公共卫生人才。在高职院校设立公共卫生专业并扩大招生规模，培养县域所需的流行病学调查、检验检测、环境卫生监测等方面的专业人员。二是建立健全疾控体系继续教育制度。制定在职培训的标准规范和硬性要求，与高校和上级疾控中心开展合作，发挥各类线上培训平台作用，为基层公共卫生人员深造创造更多机会。三是改革机构运行和收入分配机制。在疾控中心提供社会化有偿服务、完善公共卫生人员绩效工资制度等方面，可以在省、市、县不同层面分别搞一些试点，体现多劳多得、优绩优酬。近期，湖北省在疾控体系改革中，探索对疾控中心实施公益一类保障和公益二类管理，在收入分配方面实行适应疾控体系特点的"两个允许"制度（允许突破现行事业单位工资调控水平，允许在完成核定任务基础上提供医疗卫生技术服务，收入扣除成本并按规定提取各项基金后主要用于人员奖励），应密切关注改革推进情况、及时总结推广经验。

二、医疗体系改革应探索建立有利于预防的激励机制

重治疗、轻预防是我国医疗体系存在的一大"顽疾"，在县域表现得尤为突出。资源配置完全由医疗服务提供情况所主导，预防工作做得怎么样、群众健康水平高不高等因素，难以发挥应有的激励作用。从医院的层面看，虽然抓好预防工作有利于促进健康，但人们得病少了、医疗机构和医务人员的收入也会相应减少。县医院数据显示，今年上半年儿科住院量同比下降64%；即便在疫情缓和后的6、7月份，每天住院患儿也不足30人、有时甚至

只有个位数，而去年同期在 100 人左右。据访谈了解，这一方面说明疫情期间的防护措施有利于减少儿童呼吸道、消化道等疾病发生，另一方面也表明过去的儿科住院有相当部分是不需要的。然而与之相伴的是儿科医生收入锐减，医院需在院级层面统筹以保障其收入达到全院平均水平。从医保的层面看，医保基金主要是购买医疗服务，医院为了获得更多医保收入，必须做大医疗服务"蛋糕"。最近几年淅川县医保基金承受了较大运行压力，2017年和 2018 年统筹基金分别超支 595 万元、6591 万元。2019 年淅川县加强医保基金监管，特别是严控县外就诊（县外就诊率从15% 左右降至 5% 左右、为南阳市最低），统筹基金超支明显下降、为 1232 万元。但县内住院花费高的问题却难以得到有效解决，全年超支 33%，住院率提高到 20% 左右、超过全国平均水平。访谈中有人指出，县医院升级了设备、扩大了病床，自然要多收病人以满足运行需要。虽然做好预防是控制基金支出的有效手段，但医保并没有配套的激励措施。从乡镇卫生院的层面看，由于兼具基本医疗和公共卫生两方面职能，二者对资源配置的需求并不一致。不少位于城乡结合部的乡镇离县城很近，群众看病就医一般会直接去县级医院，乡镇卫生院的医疗功能萎缩很快，进而导致卫生院的收入下降、职能弱化。然而在这次疫情中，恰恰是这些地区流动人口多、防控压力大，对乡镇卫生院的公共卫生服务要求更高。

县域内卫生健康行业的主体是医疗机构，落实预防为主方针的重点和难点也在医疗机构。虽然在疫情期间，医疗机构普遍认识到预防工作的重要性。但如果不能扭转激励机制，疫情结束后，医疗机构还是会回归到重治疗、轻预防的老路上来，单纯依靠扩大医疗服务以取得更多收入。建议从试点入手，充分发挥医保支付的杠杆作用，建立健全医疗机构补偿机制和激励机制，推动落实预防为主方针。具体可以作三方面探索：一是推动医保资金购买免疫规划、疾病筛查等预防保健服务，这一举措虽然可能短期增加基金支出，但可以有效遏制医疗费用上涨趋势。二是创新县域医疗卫生共同体补偿机制，将医保和财政资金"打包"，建立以健康绩效为导向的支付方式，促进医共体内部医疗服务和公共卫生服务的有效衔接。三是改革家庭医生签约服务的评价和支付机制，统筹使用医保基金和公共卫生服务补助资金，对预防做得好、签约群众健康明显改善的家庭医生，给予更多激励。

三、爱国卫生运动应在抓日常、建机制上下功夫

淅川县于 2017 年正式申报创建国家卫生县城（以下简称创卫），用 3 年时间创卫成功，创建成效在疫情防控中得到了充分体现。一方面，创卫期间大面积实施环境卫生治理，全面规范"七小"场所管理，引导群众养成良好卫生习惯，这都为快速阻断新冠病毒传播创造了条件。另一方面，创卫所采取的上下联动、全民动员等有效做法，也为疫情防控积累了经验。但是调研也发现，创卫结束后，围绕怎么搞好日常爱国卫生运动，基层还有不少困惑。在"做什么"方面，目前还主要停留在环境卫生治理、张贴宣传画、公共场所保洁等较浅层面，现在要求爱国卫生运动要向全面社会健康管理转变，这具体包含什么内容、与专业公共卫生工作如何衔接等，就面临不少难题。在"怎么做"方面，随着爱国卫生运动的内涵越来越广，传统方式不管用、新的手段不会用的情况比较普遍。特别是越到乡村基层，从事爱国卫生运动的人员中，很多并没有接受过专门培训，"不会干"的问题十分突出。

在"谁来做"方面，县级层面，各地爱卫办在人员配备、经费保障等方面参差不齐，有的地方与文明办合署办公，纵向归口管理不明确，横向难以协调相关职能部门。在乡镇一级，政府层面推动爱国卫生运动的职责不清晰，工作具体由乡镇卫生院组织实施，但存在人手少、以兼职工作为主的问题。一些地方推动建立紧密型医联体，加强县级医院对乡镇卫生院的管理帮扶，但客观上也弱化了乡镇政府与卫生院之间的联系，给爱国卫生运动的开展带来了困难。在资金投入方面，只对专项任务有经费保障，缺乏对面上工作的资金支持。就淅川的创卫工作而言，基本都依靠县级财政投入，3 年投资 4.5 亿元，这对于当地而言是不小的支出，只是在内河治理等个别项目上申请到了省级环保部门的项目资金。

爱国卫生运动是把群众路线运用于卫生防病工作的成功实践，在疫情防控中已经彰显出强大力量，应在总结经验的基础上，创新体制机制、提高能力水平，把这个我国卫生工作的独特优势发挥好。建议：一是加强品牌引领。卫生城市、卫生县城等创建工作，是推动爱国卫生运动的一个有力抓手。应完善创建内容和评选标准，统筹各方面资金给予地方一定支持，调动各地的创建积极性。从卫生城市向健康城市迈进，应当有更加丰富的内涵。建议牢牢抓住"将健康融入所有政策"这个方针，以健康影响综合评价为抓手，打造创卫"升级版"，更好引领新时代爱国卫生运动。二是突出工作重点。爱国卫生运动覆盖面广，如果日常需要开展的任务过多过杂，就容易流于形式。建议国家层面每年确定一个工作主题，以省或市为单位，选择几个需要重点解决的卫生问题，围绕这些问题加强人员培训、规范工作流程、落实经费保障，确保任务有效完成。三是建强工作队伍。爱国卫生运动的顺利开展既需要政府层面的支持和推动，也需要专业部门的技术指导。应发挥爱卫会的统筹协调作用，强化各级爱卫办的人员配置，理顺归口管理关系。基层爱卫机构不健全的问题比较突出，应恢复乡镇和街道的相应机构设置，落实宪法规定的居民委员会、村民委员会设公共卫生委员会的要求，推动爱卫工作纳入基层社区治理。

二、促进农业农村发展

应多措并举加快纾解春耕备耕困难

杨春悦　　方松海　　张伟宾　　刘一宁

当前已进入春耕备耕关键期，但一些地方农村基层采取了过严的疫情防控措施，导致农民没法下地劳作、农资运不进来、农产品销不出去，春季农业生产受到较大影响。应立足农业生产特殊性，根据各地疫情差异，完善防控措施，疏通春耕备耕梗阻，防止误了农时影响重要农产品生产供应。

一、采取灵活防控措施保障农业生产活动

农业生产活动多在田间野外，人员密度低、相互接触少，传染概率很小，没有必要采取与工业和服务业企业类似的严格防控措施。一些地方前期施行的"硬核"措施有效保障了农村防疫安全，却也限制了农民活动，不利于农业生产活动。有的村严禁人员进出，有的只允许村民凭证外出两小时，有的简单搞"一人确诊、全村隔离"，影响了村民田间劳作。一些用工量大的新型经营主体受制于雇工难，农事活动不能正常进行。据有关部门对206

家农民合作社的在线调查，70.9% 的合作社明显短缺劳动力。建议风险等级较低的地区，清理农村防控中的违法行为和极端做法，放开对农民开展农业生产的限制。同时，对劳动力相对密集的规模化、设施化种养，指导用工主体落实防护措施，探索分时分散作业，确保防疫安全。

二、把农业生产资料纳入防控必保物资范围

农业是自然再生产过程，作物生长不能误农时，动物生长不能中断，需要确保农业生产资料供应。当前因饲料及原料运输不畅、饲料企业开工受阻，多地养殖场面临"断粮"困境，一些家禽已经因缺饲料而被饿死。不仅如此，交通运输受限还影响到种子、化肥等农资生产配送，给春耕备耕埋下隐患。据有关部门反映，目前肥料企业减产停产较多，不少地方肥料库存不足、配送能力有限，无法销售到乡村，农民备肥受限。着眼保障农业生产需要，建议将农资生产销售企业作为民生保供企业，在复工复产、信贷融资等方面给予支持。将农业生产资料纳入疫情防控期间生活必需品保障范围，享受鲜活农产品运输"绿色通道"政策。发挥供销社农资供应国家队作用，依托现有渠道抓紧配送到村。

三、分地区加快恢复农产品产销秩序

一些地方为防控疫情采取的限制人流物流等措施，使农产品采购商、经纪人、物流企业、菜市场等产销节点不能有效发挥作用，给农产品顺畅销售带来很大冲击，不利于后续农业生产和下一周期保供。像一些地方蔬菜卖不掉、出现弃管弃收，东北

部分玉米稻谷没人收购、可能霉变受损，多地出现畜禽压栏、贱卖甚至扑杀活禽现象。与此同时，多地"菜篮子"产品价格大幅上涨，给人民生活带来较大压力。随着各地疫情形势分化，疫情风险等级较低的地方，应把恢复农产品销售渠道、促进产销衔接作为重要任务。建议这些地方支持农产品购销从业主体正常进村开展业务，依靠市场解决好疫情带来的"农民卖难、市民买贵"问题。疫情风险等级较高的地方，应发挥政府的组织作用，做好农产品保障供应，并鼓励农民和企业通过社区配送等形式解决居民不便外出购物、本地生鲜产品无法出售难题。

鼓励有条件地区恢复双季稻的几点建议

杨春悦

稳定粮食产量，基础在于稳定粮食种植面积，主要潜力在于恢复双季稻。在近三年全国总共减少的4750万亩粮食种植面积中，"双改单"导致的稻谷种植面积减少就有2310万亩。今年夏粮种植面积比去年已经减少300多万亩，疫情等因素又导致农民春播意向面积减少300多万亩，如不及时鼓励支持有条件地区加快恢复双季稻，稳定全年粮食面积和产量的目标就很有可能落空。当前正值双季稻主产区早稻浸种育秧的关键时期，亟需采取有针对性的政策措施，切实为种粮农民解难释惑，及时扩种早稻，为恢复双季稻、遏制粮食种植面积持续下滑奠定坚实基础。具体建议如下。

第一，把双季稻主产区作为农业复工复产的重点，优先保障种子化肥等农资供应。 双季稻主产区大多位于疫情最重的湖北周边，虽然现在已经按照分区分级精准防控的要求调整了风险等级，封村、断路、禁行、物流管控等已有较大改善，但农业生产经营正常秩序仍没有完全恢复，开展春耕生产仍然面临诸多制约。特别是由于前期种子化肥等农资备货本就严重不足，现在又要扩大早稻生产，导致农资零售店大多货源紧张、进货价格明显上涨，让一些农民不方便买、不愿意买。建议将恢复双季稻主产区农业生产秩序作为农业复工复产的重点，优先实施农资应急调运投放，组织机关干部和农技人员深入一线督促取消不合理限制，帮助农民解决春耕备耕面临的实际困难。

第二，加快发展联耕联种等社会化服务，破解双季稻生产瓶颈。 双季稻生产茬口紧、农时紧张、劳动强度大，用工高峰很难雇到人，再加上育秧插秧不配套、适宜机械少，导致农民不愿意精心种植，有的甚至干脆季节性撂荒。建议在大力开发推广适宜农机的同时，加大对集中育秧、机械移栽、机插秧等关键环节以及代育代插、代耕代种等生产托管服务的支持力度，有效降低双季稻生产的劳动强度，提高生产效率和效益。

第三，释放更加明确的政策支持信号，进一步调动农民恢复双季稻生产的积极性。 为鼓励有条件地区恢复双季稻生产，今年早籼稻和中晚籼稻每斤最低收购价不仅没有降低而且还提高了1分钱，有关部门也计划整合涉农资金36.7亿元予以专门支持。从双季稻主产区基层干部和种粮农民反映看，这些政策措施对早稻生产的刺激作用还十分有限，某全国超级产粮大县仅有20%的种粮农民有早稻种植意愿。建议在加大现有支持政策宣传力度的同时，适时研究出台早稻生产临时补贴、兜底临时收储等超常规政策，发出更加明确的鼓励恢复双季稻生产的政策信号。这样做不会对财政造成大的压力，也不会增加多少稻谷库存。早稻补贴按每亩100元、今年恢复到7000万亩计，总共仅需70亿元；近年早籼稻销路较好，2018年最低收购价收储量仅占产量5%左右，即使实行兜底临时收储，收储量也不大。

一些地方为何不报告非洲猪瘟疫情

刘一宁　梁希震

今年以来，全国共报告14起非洲猪瘟疫情。但有业内人士反映，不少地方非洲猪瘟疫情还相当严重。这些地方发生疫情后，养殖户大多不报告、不检测、悄悄地处理掉，地方政府也"睁只眼，闭只眼"。养殖户与地方政府之所以都心照不宣不报告疫情，主要原因在于：

对养殖户来说，不报告疫情可以避免更大经济损失。根据有关规定，非洲猪瘟纳入强制扑杀范围，补助标准是每头猪1200元。首先，补助标准难以覆盖养猪成本。目前，仔猪价格处于高位，一头15公斤仔猪的市场价格一般在1500元以上，再加上饲料、人工、防疫投入以及圈舍折旧成本（每公斤折合10—12元），110公斤成年肉猪的养殖成本可能高达2700元。一旦扑杀，拿到的补助还不到养殖成本的一半，养殖户心理上难以接受。其次，补助标准与市场价格差距较大。当前生猪平均市场价格为31元/公斤，一头110公斤重的肉猪市场价接近3500元，扑杀补助只占市场价格的1/3，巨大的收益落差驱使养殖户发现疫情后能不报告就不报告。另外，养殖户难以按照标准足额及时拿到补助。扑杀补助针对的是疫点存栏活猪，对病死猪，报告并确认疫情后只能做无害化处理，养殖户拿不到补助。从实际执行情况看，一些地方存在擅自降低补助标准、发放滞后等情况，一些地区的养殖户反映，猪被扑杀一年多后还没拿到政府补助款。对大型养殖企业尤其是上市公司来说，报告疫情不仅意味着扑杀损失，还会对公司股价、品牌、产品销售造成不利影响，更"得不偿失"，所以大企业也没动力主动上报疫情。

因此，一些养殖户发现病死猪后，不报告也不检测，往往第一时间处理掉，有的甚至私自宰杀，晚上偷偷卖给冷库，认为"反正人吃了也不会死，即使被发现也不是什么大事"。与获得的这些收益相比，养殖主体"瞒报"疫情所面临的处罚轻得多。《动物防疫法》规定，从事动物饲养、屠宰的单位和个人，"不报告疫情"面临的处罚是"责令整改""拒不整改的，对违法行为单位处一千元以上一万元以下罚款，对违法行为个人可以处五百元以下罚款"。

对地方动物防疫部门来说，不报告疫情可以降低被问责风险。 在动物防疫工作中，地方政府承担属地管理责任，地方动物防疫部门承担监管责任。《动物防疫法》规定，"兽医主管部门及其工作人员""未及时采取预防、控制、扑杀等措施的"，"由本级人民政府责令改正，通报批评；对直接负责的主管人员和其他直接责任人员依法给予处分"，这意味着如果预防不力，就要处分地方动物防疫部门相关人员。只要发现疫情，往往会被认为"工作不力""未及时采取预防措施"，相关责任人无法避免被问责风险。如果养殖户不报告、不检测，偷偷处理掉病死猪，不在当地留下感染非洲猪瘟的证据，政府部门相关人员也不主动去排查、报告疫情，反而可以降低被问责风险。此外，现在很多规模养殖场以防控需要为名，不欢迎甚至禁止防疫人员进场检查，即使防疫人员有心监督也落实不了。

对地方政府来说，不报告疫情可以减轻财政压力、省去很多麻烦。目前，生猪强制扑杀补助费，由中央财政和地方财政按比例承担：东部、中部、西部地区，中央财政分别承担40%、60%、80%的补助费，剩下的由地方财政承担。对一个中部县来说，扑杀10万头生猪，就要承担4800万扑杀补助费。除了扑杀补助费外，有一些扑杀相关支出则完全由地方财政负担，包括聘请人员、租用车辆设备、运输、填埋、消毒等环节的花费，一次下来，少则上百万元，多则上千万元。我国生猪养殖大县很多都是农业县，经济一般不太发达，地方财政实力有限，有的县一年的财政收入只有几个亿，一次支出数千万元的大范围扑杀就可能让地方财政元气大伤，而且出现疫情对地方的形象、声誉、政绩等都会有负面影响，可能带来一系列麻烦。所以，很多地方既没实力也没动力开展大面积扑杀，对一些养殖户的"不报告"行为"视而不见"、心存侥幸，民不报、官不究。

不及时全面报告疫情，非洲猪瘟就难以控制、更难以根除，必须完善有关政策举措，健全疫情发现、报告和处置等相关制度。建议如下：

一是调整完善扑杀相关办法。非洲猪瘟作为传染性动物疫病，致死率高，具有很强的外部性，一场、一地发生后可能扩散至多场、多地。在扑杀支出方面，中央财政应承担更多责任，减轻地方在补助养殖户和支付扑杀环节各项费用等方面的压力，根据市场价格及时调整补助标准，提高养殖户和地方主动报告疫情的积极性。同时，疫点扑杀应更加精准，减少不必要误杀进而影响猪肉供给。

二是修改完善《动物防疫法》。明确养殖户是"预防"动物疫情的责任主体，强化地方政府报告、控制疫情的职责，确保地方政府及时排查、报告疫情并组织扑杀；加大对屠宰、经营、运输病死动物和不履行动物疫情报告行为的处罚力度，综合考虑当前物价水平、社会危害程度、养殖主体承受能力，大幅提高处罚金额。

三是完善监测报告体系。非洲猪瘟已在我国扩散蔓延，难以在短期内根除，疫情防控举措应适应常态化要求进一步完善，确保实时监测、及时报告，建立疫情报告奖惩制度，对及时、如实报告疫情的单位和个人给予重奖并及时兑现，对瞒报行为要根据相关法律法规从重处罚。

农产品批发市场存在的问题与建议

刘一宁

农产品批发市场作为基础性、公益性的农产品流通载体，在促进我国农业生产、搞活流通、保障城市供应等方面发挥着重要作用。目前，我国有 4000 多家农产品批发市场，农贸市场 80% 的货源、超市 60% 的货源均来自批发市场。在承担农产品流通主渠道功能的同时，农产品批发市场也存在不少问题。

一、农产品批发市场存在的问题

一是法律规范体系缺失。从 1984 年建立第一家农产品批发市场到现在，我国尚未出台专门的法律对农产品批发市场进行规范，这直接影响了农产品批发市场功能的有效发挥，带来一系列问题：主管部门不明，部门职责既有交叉点又存在空白点，一旦出现问题可能相互推诿；有的农产品批发市场收费标准混乱、收费项目繁多，严重损害经营者利益；有的经营者为排挤竞争对手，打价格战，以次充好，破坏市场秩序；有的市场被涉黑团伙操纵控制，形成垄断，严重损害群众利益。不少国家在农产品批发市场建设和发展方面，都出台了完备的法律法规。比如日本，1923年制定了《中央批发市场法》，对农产品批发市场开始实行严格的审批制度，1971年制定了《批发市场法》，此后又陆续出台了《批发市场法施行令》《批发市场法施行规则》等一系列法令，对农产品批发市场的开设、规划、运营、监督等方面都作了具体规定，促使日本农产品批发市场走上了规范化发展轨道。

二是缺乏有效规划。我国农产品批发市场没有全国性统一规划，导致地区间批发市场布局不均衡，有些地区重复建设、过于密集，而有些地区缺少农产品批发市场，无法满足当地农产品流通需求。另外，随着城镇化的推进，大城市的中心城区不断扩张，农产品批发市场所在的"郊区"逐渐变成了"城区"。比如，成立于1988年的北京新发地农产品批发市场，原来属于北京城郊、周边是蔬菜生产基地，现在处在南四环和京开高速交界处，每天进出市场交易的货车等大型车辆集中。新发地农产品批发市场的农产品主要来自于北京以外地区，除保障北京供应外，还有一部分（蔬菜约占20%，水果约占40%）批发到北京以外地区，这种"过境型"物流加剧了道路拥堵。物流、人流集中，客运、货运交织，也降低了物流运作效率，提高了批发市场运营成本。

三是配套设施落后。很多农产品批发市场，批发零售不分、仓储交易不分、果蔬肉类不分、生熟不分，市场交易规模不断扩大但配套设施却没有同步升级。有的牛羊肉交易大厅位于地下一层，却没有建立通风系统，空气不流通，细菌病毒容易存活传播。有的在市场内进行蔬菜加工，产生大量"蔬菜垃圾"，不及时处理甚至乱堆乱放。有的清洗蔬菜和生肉产生的污水随意排放，污水横流。蔬菜水果等容易腐烂，这些腐烂果蔬未得到及时处理会散发难闻的气味，影响周围居民生活质量，也给公共卫生安全带来隐患。

四是农产品质量安全监管存在漏洞。目前我国许多城市要求各农产品经销商进入批发市场必须具备两个证明文件，即产品产地证明和质量检验合格证明，但一些农产品批发市场检查不严，甚至对证明文件造假现象"睁只眼，闭只眼"。一些批发市场的农产品抽样检测也流于形式，凌晨交易高峰时段无人抽检。这是因为，很多农产品批发市场由个人或企业投资，不少投资者为追求其自身利益最大化，往往会想方设法减少质量安全检测频次、减少检测费用支出、增加市场交易量。

五是政府投入不足。农产品批发市场公益性强，初始投资大、资金回笼慢，很多企业投资意愿不强。有企业反映，竞拍商服用地建农产品批发市场，根本赚不到钱，一些企业投资建设农产品批发市场就是为了圈地，拿到地后过几年就转为开发房地产，建农产品批发市场只是个幌子。日本在这方面政府投入力度很大，建中央批发市场、政府补助40%左右，建地方批发市场、政府补助30%左右。此外，日本政府还对农产品批发市场建设在贷款利率、税收等方面给予优惠。

二、几点建议

一是加快出台农产品批发市场相关法律法规。应借鉴国外经验，尽快出台农产品批发市场法及其配套法规，在法律上明确农产品批发市场的公益属性，明确政府在农产品批发市场规划、建设、运营过程中的职责，明确相应主管部门，并在开设审批、市场准入、交易行为、交易规范等方面做出严格规定，彻底改变农产品批发市场建设运营的无序状态。

二是加强统一规划。全国或区域性中心批发市场及中型批发市场应纳入政府建设规划，逐步形成以全国性批发市场为核心、以区域性批发市场为骨干、以大城市批发市场为网络节点的批发市场体系，逐步营造并建立全国市场、区域市场及城市市场有序竞争的市场环境，消除垄断和过度竞争。对不符合规划要求的农产品市场，要制定搬迁方案，尽快选定新址，明确时间表，不适合整体外迁的要将中转集散、冷链仓储、净菜加工等功能外迁出去。组织搬迁应稳妥有序，建好新市场再拆旧市场，避免引起城市农副食品价格暴涨。

三是规范设计建设和升级改造。应在国家层面制定强制性标准，严格规范农产品批发市场设计和建设，比如通风效果应有明确要求。冷库、废弃物及污水处理中心、安全监控中心、配送中心、信息中心、结算中心等配套设施应建尽建，使农产品批发市场自身成为一个安全、环保、高效的综合体。农产品批发市场升级改造，不是简单扩大规模、更新硬件，而是要从完善功能角度出发，全面提升农产品批发市场在物流、产品初加工、检测检疫、交易等方面的综合服务能力。应注重打造有特色的专业农产品批发市场，综合性农产品批发市场应对不同品类进行区分、形成物理隔离，降低疫病传播风险。

四是加强质量安全体系建设。政府应当更直接介入农产品的安全检测，可在市场内常设检测机构，避免批发市场在检测活动中角色不清、缺乏积极性、无执法权等问题。应充分运用大数据等技术，建立农产品、运输车辆追溯系统，一旦发现问题能够及时查清来源和去向。引导农产品批发市场建立经营者诚信档案，并在各市场之间实现信息共享，市场出租摊位时既要考虑租金，也要考虑经营者诚信记录。

五是政府在土地、金融、税收、补贴方面加强支持。为吸引社会资本参与，政府应着力降低农产品批发市场建设与运营成本，进一步明确农产品批发市场规划建设过程中涉及的土地出让、信贷支持、税费减免及水电气优惠等政策。政府应将补贴的重点放到冷库等基础设施建设、农产品生产基地建设和农产品质量安全检测等方面。

农产品批发市场改造升级呼声高堵点多

杨慧磊　　刘帅

农产品批发市场一头连着基本民生，一头连着疫情防控，疫情发生以来多次成为社会舆论关注焦点。一方面，不少农产品批发市场由于卫生条件较差、人员混杂集聚、管理粗放简单等原因，容易成为疫情防控短板；另一方面，农产品批发市场关系到菜篮子、米袋子、肉盘子，与群众的日常基本生活需求息息相关，直接影响群众消费体验和生活品质。舆论要求加快农产品批发市场改造升级的呼声不断高涨。一是期盼改善经营环境，主要是改变部分农产品批发市场脏、乱、差的现状，解决污水横流、气味难闻、乱堆乱放等问题，让农产品在洁净、卫生的环境中流通，防止病菌病毒滋生蔓延。二是期盼建立可追溯体系，通过完善农产品产地、质检信息、交易信息登记等，解决货物和人员来去无痕、不能查询和追溯等问题，让群众放心消费。三是期盼加强数字化管理，通过数字化改造、实行电子结算、完善数字化基础设施等，促进产销有序衔接，提升流通和交易效率。在此背景下，不少地方积极推进农产品批发市场改造升级，但遇到多重堵点。

一是升级改造会增加商户和运营方的成本支出。无论是改善经营环境、建立可追溯体系，还是加强数字化管理，都需要增加大量投入。尤其是在保洁卫生、检验检疫、信息系统维护等方面，还涉及大量经常性支出。有的地方在改造升级农产品批发市场时，把标准定得过高，使商户和运营商的成本增加过大，推进过程中遇到不小阻力。

二是实行数字化运营会导致商户实际缴税增加。目前很多农产品批发市场数字化运营水平较低，由于交易信息不透明，商户到底卖出多少农产品、交易金额具体有多少、实际利润有多高等很难准确反映出来，大量商户实际缴纳的税费比严格按政策规定应缴的税费低，很多商户实际上处于免税状态。但如果推行透明化的电子结算，可能会增加税费负担，因此很多商户都存在抵制心理。在这种情况下，虽然近年来财政在推动农产品批发市场数字化改造方面投入不少，但数字化运营水平较高的农产品批发市场占比仍然很低，甚至大量已安装的数字化设备也处于无人使用的闲置状态。

三是升级改造对商户和运营方的增收效应不大。农产品批发市场承担着国内 70% 的农产品流通功能，主要保障量大面广的中低收入群体农产品消费需求，大多数消费者对价格极其敏感。由于农产品批发市场的交易价格与基本民生密切相关，价格保持稳定是大势所趋，不可能有较大上涨空间。同时，农产品消费基本上是刚性消费，在消费量上很难有大的增加。据媒体报道，国内亿元级农产品批发市场平均每平方米每年发生农产品交易量高达 7.5 吨，比不少发达国家平均水平高出很多，这也说明进一步增加交易量的空间极其有限。综合价格和交易量两方面因素看，农产品批发市场改造升级很难再给商户和运营商带来明显增收。

　　针对农产品批发市场改造升级面临的这些问题，应加大政策支持，发挥政府投资作用，引导市场力量更多参与，合理有序加以推进。一是创新投资回报模式。考虑将农产品批发市场改造升级作为"两新一重"建设的一个重点，创新投资回报模式，合理设计运营获益分成机制，提高社会资本参与的积极性。二是加大政策支持力度。适应农产品批发市场改造升级的行业实际，完善税收、金融等方面支持政策，减轻投入改造的成本负担，同时对商户出台配套优惠政策，对冲改造升级后可能带来的经常性支出和税收负担上升。三是合理确定改造标准。全国现有农产品市场4.4万家，其中农产品批发市场4100多家，不仅数量众多，而且产权和经营方式多样，改造升级不能"一刀切"。从农产品批发市场改造升级的标准定位看，不能揠苗助长、把标准定得太高，而应实事求是，确保"改得了、够得着"。

以改革创新推动
农业与食品产业融合发展

——农业与食品产业融合发展专题调研报告之一

贺达水　　杨春悦　　梁希震

食品加工作为农村一二三产业融合发展的重要枢纽，是推进农业现代化、促进乡村产业振兴的关键所在。当前农业经营效益低、农村居民增收致富难，一个重要原因就在于食品开发加工滞后、农产品加工深度不够。提高食品开发加工水平、推动农业与食品产业融合发展，应以改革创新为引领，通过整合强化食品行业管理职能、增强科技支撑能力，破解制约食品产业发展面临的大而不强等突出问题。

一、推动农业与食品产业融合发展是全面实施乡村振兴战略的必然要求

从农业提质增效看。第一产业效益低、二三产业效益高，是

产业发展的一般规律。2019 年，我国第一产业增加值为 7 万亿元，仅占 GDP 的 7.1%；第一产业劳动生产率为每人 3.62 万元，仅相当于第二产业的 1/5、第三产业的 1/4。发达国家单纯农业产业增加值也较低，但加上依托农业发展的食品相关产业，产业增加值就显著提升。产业发展规律和国际经验表明：让处于价值链底端的农业与处于价值链高端的食品产业深度融合，就能从根本上拓宽现代农业发展空间，实现提质增效。

从农民增收看。近些年来，农民与城镇居民收入绝对差距仍在持续拉大。2008 年突破 1 万元，2016 年突破 2 万元，2019 年绝对差距已达 2.6 万元。增加农民收入要从单纯搞农业生产、提供原材料向食品加工流通延伸，让农民获得更多产业增值收益，这是逐步缩小城乡居民收入差距的最现实途径。

从乡村发展看。如果乡村只搞种养、没有其他就业机会，就会一直成为人才、资金、技术等现代要素配置的洼地，就难以改变落后的局面。依托农业农村资源优势，在乡村发展食品等农产品加工业，实现农产品就近收购储藏、就地加工转化，有利于乡村形成产业、人才、资金、活力的良性循环，让农村留住人、吸引人才，成为安居乐业的美丽家园。

二、食品行业管理职能分散弱化不利于农业与食品产业融合发展

我国食品行业管理职能分散、层级较低，影响了政府在推动农业与食品产业融合发展中更好发挥作用。新中国成立之初，曾设立了食品工业部。后几经变迁，目前涉及食品产业发展相关职能，分散在农业农村部、工业和信息化部两个部门的两个处，与

保障 14 亿人的食品消费需求相比不相称。我国食品行业管理职能不仅明显偏弱，而且农业、工业各管一段，法规、标准、政策无法有效衔接，导致农业不是为了食品等最终消费品而生产，食品产业难以获得最适宜的原材料，严重阻碍了农业与食品产业融合发展。反观发达国家，大都是建立"从农田到餐桌"的全过程管理机构。如德国联邦食品及农业部，英国环境、食品与农村事务部，法国农业与食品部，荷兰农业、自然与食品质量部，西班牙农业、食品与环境部，有力推动了食品产业做大做强，提高了农业发展的质量效益竞争力。

食品行业管理职能这种弱化分割的局面，也不利于食品行业自身的发展。我国粮食、油料、糖料、肉类、蛋类、水产品、水果等产量均居世界前列，食品工业总产值居全球首位、占世界总产值的 20% 左右，但食品产业的质量效益和竞争力明显偏低，与我国农业大国的体量不相称，与发达国家水平相比有很大差距。从食品产业产值与农业产值的比值看，目前我国不到 2∶1，而发达国家普遍在 4∶1 以上，有些国家比值更高，像日本达到 11.7∶1。从食品产业构成看，我国食品产业仍属于初级食品加工为主的资源型产业，初级加工占比高达 60%，精深加工仅占 30% 左右，在提供健康安全、方便食用的最终食品方面存在明显不足。从头部企业看，大型国际知名企业偏少。最新《财富》世界 500 强企业排名榜中，食品饮料及相关企业有 12 家，我国只有中粮集团 1 家。从企业盈利能力看，我国食品产业整体上仍处于国际产业价值链低端。2019 年全国食品行业亏损总额 111.7 亿元，相比一些国际食品巨头平均 20% 以上的税前利润率，我国食品企业盈利能力差距较大。从科技支撑能力看，我国开设食品类专业的院校有 300 余所，2019 年食品领域论文发表数量、论文引用数量、专利申请和授权数量均居全球第一，但引领性基础研究、创新性发明技术偏少，研发成果转化为产业应用比例低。日本和德国在食品领域领跑技术比例分别占 29% 和 13%，而我国的领跑技术比例仅约为 5%。

三、依靠改革创新推动农业与食品产业融合发展的思路与对策

推动农业与食品产业深度融合，提高农产品加工深度，是一项事关乡村振兴全局的战略举措和系统工程，应当摆到更加突出的位置，统筹谋划、综合施策。从当前情况看，最迫切的是在构建集中统一的食品行业管理体制上尽快取得突破。建议学习借鉴发达国家经验，对农业生产和食品加工管理职能进行整合强化，把分散在相关部门的食品行业促进和管理职能，集中整合到农业农村部门，加快构建起"从农田到餐桌"全过程管理机构。此外，还应针对当前面临的突出问题，加大支持引导力度、创新支持方式，为推动农业与食品产业融合发展营造良好环境和条件。具体建议如下：

一是强化政策扶持。加大财政支持引导力度，支持有条件的地方设立食品产业发展基金，创新金融支持政策，完善用地政策，优化加快建设农村一二三产业融合发展园区的政策措施，保障农业生产向食品加工拓展延伸的资金和用地需求。

二是提升科技支撑能力。充分发挥企业创新主体作用，支持企业与科研院所密切协作，开展产业急需的技术装备集中攻关，系统提升科技对农业生产向食品加工延伸的支撑能力。

三是加强硬件设施。加快补齐食品产业发展基础设施短板，

建设农村动力电、物流、供水、垃圾污水处理等基础设施，提高农产品和食品流通、储藏、检测等能力。

四是培育壮大龙头企业。积极支持引导农业龙头企业参与食品产业发展，重点发展高端精深加工、品牌营销等产业，完善与农民利益联结机制，发挥引领产业发展作用。

推动食品产业高质量发展
面临的主要瓶颈

——农业与食品产业融合发展专题调研报告之二

梁希震　　刘一宁

拓展农产品加工深度，最重要的方向是发展食品产业。这些年我国食品产业发展取得长足进步，初步建立起较为健全的现代食品产业体系，食品工业总产值已经居全球首位、占世界食品工业总产值的 20% 左右，但大而不强问题非常突出，与推进农业与食品产业融合发展的要求还有不少差距。制约我国食品产业做优做强的主要瓶颈有：

一是食品行业管理职能弱化和分散。 我国食品行业管理职能经历了由统一到分散、由管理层级高到层级低的变迁过程。1949年9月，《中华人民共和国中央人民政府组织法》规定设立食品工业部，主管制糖、卷烟、酿酒、油脂和粮食加工等业务。1950年12月，撤销食品工业部，相关业务分别并入轻工业部和农业部。1993年6月，撤销轻工业部，成立中国轻工总会。作为国务院直属事业单位，国务院授权轻工总会对全国轻工行业进行行业管理，重点搞好行业规划，实施行业政策，进行宏观指导和为行业企业提供服务。1998 年，撤销中国轻工总会，组建国家轻工业局，隶属于国家经贸委。2001 年 2 月，撤销国家轻工业局，不再作为政府机构，仅保留中华全国手工业合作总社的牌子，与中国轻工业联合会合署办公。目前，涉及食品工业发展相关职能，分散在农业农村部、工业和信息化部、国家市场监督管理总局、国家卫生健康委等部门。总的看，与保障 14 亿人日常饮食、把农产品开发成最终食品的需求相比，目前我国食品行业管理职能分散、力量不足，需要进一步整合强化，以更好指导促进农业和食品产业持续健康融合发展。

二是多元食品开发严重不足。我国的粮食、油料、糖料、肉类、蛋类、水产品、水果等产量均居世界前列，但以农产品为原料的食品加工产业链条明显偏短。从食品产业产值与农业产值的比值看，目前我国不到 2∶1，而发达国家普遍在 4∶1 以上，有些国家比值更高，像日本达到 11.7∶1。从食品产业构成看，我国食品产业仍属于初级食品加工为主的资源型产业，初级加工占食品加工业的比重高达 60%，精深加工的食品制造业仅占 30% 左右。农产品综合利用转化率仅有 25% 左右，远低于发达国家 70% 以上的水平。从农业副产物开发利用看，我国每年农作物秸秆约 8 亿吨，占农业生物质总产量的 50%；粮油、果蔬、畜禽、水产品加工副产物 5.8 亿吨，其中 60% 没有得到循环、全值和梯次利用，大部分秸秆、稻壳等被直接烧掉，造成了资源能源浪费和环境污染。

三是企业规模普遍偏小。从行业整体看，85% 是中小微企业。据第四次全国经济普查公报，2018 年末全国食品工业企业法人单位达 26.8 万个、从业人员 854.2 万人，单个企业从业人员平均为 32 人。从事食品生产经营的市场主体更多，而且大部分是一家一户的食品小作坊。据市场监管总局数据，目前全国获得许可的食品生产经营主体有 1500 多万家。这些数量众多的小企业小作坊，质量管理标准化水平较低，食品质量安全和品质难以得到有效保障。从头部企业看，大型国际知名企业偏少。我国规模以上食品工业企业仅 4.1 万家，占食品工业企业总数的 15.3%。最新《财富》世界 500 强企业排名榜中，食品饮料及相关企业有 12 家，中国只有中粮集团 1 家，瑞士的一家公司以 921 亿美元营业收入排名第 82 位，居食品饮料行业榜首。以茶加工业为例，我国是茶的原产国，茶叶种植面积和产量均居全球首位，但茶叶加工和品牌开发能力不足，全国百强企业产值加起来还不如立顿茶叶的产值。从企业盈利能力看，我国食品产业整体上仍处于国际产业价值链的低端。2019 年全国食品行业亏损总额 111.7 亿元，相比一些国际食品巨头平均 20% 以上的税前利润率，我国食品企业盈利能力差距较大。像保健食品，国外品牌产品占据市场主导地位，其实很多关键原料来自中国，但大部分利润却被欧美企业赚取。

四是自主创新能力弱。支撑食品科技发展的创新体系仍然薄弱，产业创新能力和技术装备水平存在不足。在机械设备性能上，我国食品工程装备的设计水平、稳定可靠性及加工设备的质量等与发达国家存在较大差距，大型食品企业 60% 的关键高端装备长期依赖进口。在加工技术上，日本和德国在食品领域领跑技术比例分别为 29% 和 13%，而我国仅为 5%，食品加工技术总体上仍处于初加工多、综合利用低、能耗高的较低水平。在研发投入上，我国规模以上食品工业企业研发经费支出占企业主营业务收入之比不到 1%，不仅远低于发达国家水平，还明显低于我国规模以上工业企业的平均水平。在高端人才上，目前我国食品领域仅有 6 名院士，国家杰出青年科学基金获得者也仅有 10 余人，缺少在食品科技创新领域具有全球视野和国际水平的科技领军人才和高水平创新团队，与食品工业每年 10 万亿产值的体量不匹配。在产学研协作上，目前全国开设食品类专业的院校有 300 余所，其中 70 余所院校设有食品科学与工程一级学科硕士点、30 余所院校设有食品科学与工程一级学科博士点，从事食品或者农产品加工相关研究的科研院所 100 余家，2019 年我国食品领域论文发表数量、论文引用数量、专利申请和授权数量均居全球第一。但引领性基础研究、创新性发明技术偏少，研发成果转化为产业应用比例低，推进食品领域产学研深度融合仍然任重道远。

今后一个时期，城乡居民对食品的消费将加快由生存型消费向健康型享受型消费转变，由"吃饱、吃好"向"吃安全、吃营养、吃健康"转变，食物消费的多元化、个性化、健康化特征日益凸显。适应新形势新要求，迫切需要加快推动从"农田到餐桌"的农业和食品全产业链融合发展，促进食品产业高质量发展，更好承担起为 14 亿人提供安全放心、营养健康、方便快捷多元化食物的重任。

发达国家推动农业与食品产业
融合发展的经验做法

——农业与食品产业融合发展专题调研报告之三

张伟宾

  食品产业是关系国计民生的综合产业，是拓展农产品加工深度的主要领域，世界各国都将其作为战略产业来支持发展。欧美等国持续强化政策和科技支撑，以发展食品工业引领农产品加工，充分发挥企业主体作用，带动农业产业链不断延长、价值链快速提升，一些经验做法值得借鉴。

  一是把食品产业发展纳入国家战略。从 18 世纪末法国研制可保藏食品开始，食品大规模工业化加工已有 200 多年历史。发达国家把食品产业作为政策支持重点，出台专项发展计划，加快推进食品等最终消费品开发。欧洲《地平线计划》（2021—2027）将"食物、生物经济、自然资源、农业和环境"列为六大重点领域之一，在原始创新、技术集成、试点示范、实验平台以及公共采购和市场转化等多方面进行全球性攻关研究。日本政府 2014 年开始大力实施"全球食品价值链战略"，通过差异化的全球地区战略，挖掘和利用潜在增长能力，大力推动食品"走出去"，到 2019 年提前实现了出口 1 万亿日元的战略目标。

二是以食品工业引领提升农业产业链、价值链。食品工业发展程度决定了农产品原料的利用程度和增值程度，食品工业越发达，农业产业链条越长，增值程度就越高。发达国家以食品工业为引领，积极推动农产品精深加工，构建起了包括农业投入品供应、农产品生产、收购、加工、销售、金融以及科技服务在内的完整农业产业体系。日本政府通过推进"六次产业"联结农林水产品从生产到制造加工、流通、消费四个环节的产业价值，大力发展高质量、高附加值食品产业，走出了一条符合日本特色的食品产业发展道路。法国葡萄酒享誉全球，也与其产业集群带动整个产业链良性发展密不可分。在葡萄酒加工业带动下，酒庄、合作社、葡萄种植户和酒商等密切合作，葡萄酒相关外贸、旅游等产业快速发展，反过来又进一步促进了葡萄产业提质增效。

三是以科技创新促进食品产业加快升级。从欧美国家发展历程看，科技创新是推进食品产业发展的根本动力。每一次关键科技创新的突破，都带动了食品产业的大发展。比如，商业化灭菌技术的发明使得食品可以大规模保藏，"巴氏消毒法"推进了冷冻食品商业化进程，热加工技术解决了罐头食品的困扰。综观国外食品工业科技创新，具有以下突出特征。其一是支持力度大。法国每年用于研发的公共开支 10% 都进入了农业和农产品加工业。对葡萄酒科研补贴力度也非常大，对技术人员培训的补贴比例达90%。其二是科研转化率高。荷兰以瓦赫宁根大学为核心，形成了由 200 多家食品及农业研发机构、2600 多家相关企业以及多家技术转移、技术展示、创业和金融服务等中介机构组成的食品产业集群"食品谷",通过联合研发、技术转让、公共私营合作等模式推进食品产学研协同创新,大量研发成果直接应用于生产。其三是企业发挥重要作用。发达国家知名食品企业以自身雄厚的科研实力,积极参与国家食品科研项目,为企业产品不断推陈出新提供研发支撑。

四是构建"从农田到餐桌"的全过程管理机构。许多国家根据食品产业发展现状,不断调整优化食品行业管理职能和支持政策。欧洲早期食品产业发展职能和政策主要分布在农业、工业等相关部门,随着农业和食品产业逐步融合发展,当前欧洲各国的食品产业主要由食品与农业合署管理,澳大利亚由农业部负责食品相关政策制定和执行,通过领导食品产业发展规划、食品产业政策和食品监管制度改革,提高农业、渔业、林业及食品工业的生产力和竞争力。总的看,主要发达国家食品产业管理体制,除食品安全监管职能外,从投入品管理到生产、加工、销售等相关的支持政策和服务,主要是由主管农业的相关部门承担。

五是建立体系完备的食品安全监管机制。多数发达国家建立起比较完善的食品安全监管体制,为食品产业持续健康发展保驾护航。其一是统一协调领导。如欧盟成立食品质量安全管理局,澳大利亚和新西兰联合设置澳新食品监管部长级论坛,日本设置食品安全监管委员会等,都是在国家层面统筹协调食品安全监管职能。其二是多部门联动。如日本食品安全监管委员会协调农林水产省和厚生劳动省,既独立分工又相互合作。其三是监管队伍强大。其四是法律体系健全。涉及食品产业全产业链、各个方面,惩戒力度大。如德国食品相关法律条款多达几十万条，涵盖了原材料采购、生产加工、运输、储藏和销售等所有环节。英国仅在烈性酒方面相关法规就多达 48 部。

推动农业与食品产业融合发展存在的设施装备短板

——农业与食品产业融合发展专题调研报告之四

杨春悦　　方松海

设施装备是食品加工科技和食品产业实力的综合体现。没有现代化的设施装备，就没有现代化的食品产业。与推动农业与食品产业融合发展、拓展农产品加工深度的要求和国际先进水平相比，我国食品机械装备和基础设施存在很多差距。主要表现在：

一是部分预处理机械装备缺乏。榨菜去皮、柑橘剥皮分瓣、竹笋剥壳、水产品剖分、小龙虾剥壳等食品预处理环节劳动强度大，人工劳动效率低，亟需进行机械化作业。但目前许多初级农产品预处理机械装备处于空白状态，许多操作仍只能手工进行。在劳动力成本快速上升的背景下，缺乏这方面的机械装备不利于提高食品加工企业生产效率，不利于把农产品大规模开发转化成食品。

二是分离提取机械性能落后。高效提取分离农产品中的有效成分、营养因子等已成为现代加工的趋势，是开发多类型食品特别是功能性食品的基础机械。目前超临界流体萃取、高速离心提取技术、膜分离技术等高端机械设备主要是国外产品。德国 AMST 公司研发的高分子膜及膜材料具有耐高压、抗污染等特性，并提供耐酸、耐碱的超滤及纳滤膜元件和成套设备。我国这些方面的设施装备和材料与食品加工需求存在差距，制约了多元化食品开发。

三是高性能液态食品混合均质机械不足。高压均质机械处理可使农产品发生物理、化学等结构性质变化，增强食品稳定性、改善食品口感、减少反应时间、延长食品货架期。该领域国际市场规模超过 100 亿元，德国 GEA、德国 APV、意大利 NiroSoavi、意大利 Bertoli、加拿大 Avestin 等公司的机械占据绝大部分的市场份额。德国 GEA 商品化均质机压力能达到 150 兆帕、产能达到 5000 升/时，而我国企业生产的机械压力为 120 兆帕、产能为 300 升/时，均低于国际先进水平。

四是灌装机械设备存在较大差距。食品无菌高速灌装设备集成了光机电一体化、现代物理化学、微生物学、自动控制、计算机通信等多项高新技术，是食品装备技术水平的代表。我国的企业直线式无菌塑瓶包装设备产能达 42000 瓶/时，但德国 KRONES 公司最新推出的回转式一体化无菌灌装生产线生产能力达 80000 瓶/时。国内有企业开发了纸塑复合无菌砖灌装设备，产能可达 12000 包/时，但仍落后于瑞典利乐的最高速度 24000 包/时，且在复合纸基材料的可靠稳定性上仍有差距。

五是包装封罐机械性能有待提升。瑞士 FERRUM 的 F412 型封罐机的生产速度已能达到 1200 罐/分钟，而国内企业仅能生产中低端罐头生产设备，最大封罐速度不到 300 罐/分钟。许多饮料企业、罐头企业、八宝粥企业均采用进口封罐设备。

六是部分高端关键零部件依赖进口。 目前大部分食品机械关键零部件已经国产化，但控制单元、气动元器件、密封件、过滤膜、电磁阀、轴承、驱动器、低压开关等应用于高速生产线的国产高端关键零部件性能达不到要求，仍主要依赖从德国、日本进口。像一家机械公司称，其生产的和面机使用进口品牌皮带，能比普通皮带韧性增强 10 倍；采用进口轴承，机器在搅拌时就噪声低、耐磨损。一旦因贸易摩擦等原因导致高端关键零部件无法进口，不少食品机械装备将出现"断点"，食品企业正常生产经营将受到影响。

存在这些问题，主要原因有：一是产业基础与发达国家相比"先天不足"。我国食品包装机械行业上世纪 70—80 年代才起步，而发达国家已经有上百年的发展历史，在专利、数据、机械设备系统集成方面进行了大量积累，主导了行业规则和技术路线。二是高端国产机械设备推广难。确保食品质量和安全不出任何问题是每一家食品企业尤其是大企业的立足之本，在已经选择进口最先进机械设备的情况下，一些食品企业会担心采用国产机械设备影响食品质量和安全，不愿冒险使用。据有关方面调研，大型食品企业使用的加工装备 60% 以上依赖进口，国内 30 强大型食品企业高端进口设备采用量超过 80%。三是食品机械包装企业研发投入力度明显不足。我国食品机械包装行业市场化程度高、进入门槛低、竞争十分激烈，大量企业短期经营压力大，无力开展研发。据调查，食品机械包装企业研发经费只占企业销售收入的 0.3%—0.5%。而国外发展食品包装机械的经验表明，企业用于研发的投入占销售收入 5% 以上时才有竞争力。四是我国食材众多、规格不一导致加工难度相对较大。与发达国家食材相对单一、农产品生产标准化程度较高相比，我国农产品种类多、标准化生产程度低，食品原材料多元，要求加工机械装备更灵活、更柔性、更智能，这客观上增加了我国食品加工机械装备研发难度。

此外，农产品储藏、运输、流通等公共基础设施，直接影响食品原材料成本和质量，也是食品加工产业发展的关键设施。目前，我国在农产品产后公共基础设施建设上投入不足、发展滞后，对食品产业发展造成了制约。批发市场布局上，我国农产品批发市场主要建在城市、靠近销区，产地批发市场比较少，在产地集货功能较弱，既不利于食品加工企业便捷高效组织货源，也难以有效发挥对农产品标准化生产的带动作用。储藏设施上，近5年我国冷库容量以10％以上增速发展，截至2019年底接近7000万吨、居世界第三，但人均拥有率约为0.1立方米/人，低于大多数发达国家。运输设施上，我国果蔬、肉类、水产品冷藏运输率分别为35％、57％、69％，远低于发达国家90％的平均水平，农产品产后损失率较高，增加了食品产业生产成本。

推动农业与食品
产业融合发展的对策建议

——农业与食品产业融合发展专题调研报告之五

贺达水　　杨春悦

促进农业与食品产业融合发展，加强食品等最终消费品开发，拓展农产品加工深度，是一项系统工程，需要统筹谋划、综合施策。具体建议如下：

一是改革创新行业管理体制机制。构建"从农田到餐桌"的农业和食品产业全过程管理体制，将分散在多个部门的食品加工产业促进和行业管理职能，整合到农业农村部门，真正打通农业和食品产业，促进法规、标准、政策等有效衔接，形成统一高效的行业指导和促进体系。把促进农业与食品产业融合发展作为全面实施乡村振兴战略的重点工作，在国家和地方层面相关规划中加强顶层设计，明确促进农业与食品产业融合发展的阶段性目标任务、推进路径、政策体系、工作体系，形成上下协同推进的强大合力。

二是强化综合性政策支持。推进食品产业高质量发展，必须构建全方位的政策支持体系。财政方面，加大各级财政支持引导力度，强化一般公共预算投入保障，支持食品产业集聚、农业与食品产业融合度高的地方设立食品产业发展基金。加大农村一二三产业融合发展园区的政策支持力度，依托优势特色农业产业率先建设现代化食品产业。金融方面，创新金融支持政策，增加中长期低息贷款，鼓励开发符合食品产业的贷款品种，通过实施担保费用补助、业务奖补等方式支持贷款担保，多渠道加大金融支持。土地方面，完善用地政策，增加食品产业用地指标，通过农村集体经营性建设用地入市、土地综合整治等途径盘活存量建设用地，保障食品产业用地需求。

三是推进食品加工科技创新。把食品加工作为国家科研攻关重点领域，发挥企业创新主体作用，支持企业与科研院所密切协作，系统提升科技对农业与食品产业融合发展的支撑能力。基础研发上，研究部署一批食品相关科研项目，开展基础前沿、关键共性技术研究，加快设备可靠性基础研究。应用创新上，开展产业急需的技术装备集中攻关，研发一批先进加工技术、创制一批先进加工装备，集成组装一批科技含量高、适用性广的加工工艺，提升食品加工设备适用性。以天然、多功能、复合化为导向，加强新型食品添加剂研发。产品推广上，推出支持采纳国产设备的措施，加大对首台套补贴投入，提高国内装备企业发展高端设备的开发动力，逐步改变我国高端食品包装机械与成套装备严重依赖进口的局面。

四是完善食品加工基础设施。补齐食品产业发展基础设施短板，加快建设农村动力电、物流、供水、垃圾污水处理等基础设施，提高农产品和食品流通、储藏、检测等能力。提升食品产业发展配套服务水平，加快建设质量检测中心、公共技术服务平台、区域公共品牌运营维护机构。加强农村市场体系建设，加快建设产地批发市场，推进市场流通体系与储运加工布局高效衔接。推行农业订单化、专业化生产，从品种选育到种养全过程提高农产品标准化生产程度，更好适应加工转化成食品的需要。

五是培育壮大乡村食品产业。依托农业农村资源，发展乡村食品产业，把产业收益留在农业农村，这是农业与食品产业融合发展的关键着力点。支持合作社就近就地兴办食品加工流通，组织带动更多农民发展食品产业。加大指导支持服务力度，促进各类乡村本土能人和农民工、大中专毕业生、退伍军人等返乡入乡创业人员发挥各自优势，发展食品加工流通业。支持龙头企业参与食品产业发展，重点发展高端精深加工、品牌营销等，完善与农民利益联结机制，发挥引领产业发展作用。

把解决高校毕业生就业难题与促进乡村人才振兴有机结合起来

贺达水　　全刚

受新冠肺炎疫情影响，今年高校毕业生就业形势异常严峻。在市场就业难度加大情况下，县乡村基层不失为吸纳高校毕业生就业的重要渠道。但由于职业发展空间有限、工资待遇不高、基本公共服务落后等原因，高校毕业生到县以下基层就业意愿较低，导致基层人才紧缺和高校毕业生就业难并存。建议采取更有力措施，引导支持高校毕业生到基层干事创业，使他们"下得去、留得住、干得好"。

一是强化政策引导支持，解决高校毕业生"下不去"问题。 随着实施乡村振兴战略和新型城镇化深入推进，县乡村基层对适应新发展要求人才的需求越来越迫切。中西部不少县反映，打赢脱贫攻坚战后，县域经济发展将进入新阶段，急需城镇规划建设、工业经济、旅游、内外贸、金融、环保、卫生健康、法律等多方面的复合型人才。很多基层干部表示，现在基层形势变化快、工作任务重、上级要求高，而大学生文化素质高、善于接受新鲜事物，对落实中央政策、促进基层发展作用很大。建议中央财政加大对高校毕业生到基层就业的支持力度，重点增加基层急需的行政综合、产业发展、农技推广、教育医疗、信息管理、电子商务等岗位名额。县级以下行政机关和国有企事业单位，可进一步挖潜，增加招录频次，扩大招录名额，创造更多适合高校毕业生的就业岗位。鼓励基层非公有制企业吸纳高校毕业生就业，加大培训补贴、贷款贴息、税收优惠、社保缴纳等政策支持。

　　二是充分落实待遇保障，解决高校毕业生"留不住"问题。应从新毕业大学生实际困难出发，落实并适度提高基层工资待遇，着力帮助解决住房、养老等基本保障问题。拓宽职业上升空间，在落实好现有支持政策基础上，研究对基层就业的高校毕业生扩大研究生招生比例、在职称评聘上予以倾斜、在公务员招录中同等优先等政策。合理设置服务期限，既有效引导高校毕业生扎根基层，又创造足够的流动空间。强化"感情留人"，加强对高校毕业生返回原籍到基层就业创业的引导，深入宣传农业农村的独特价值，增强他们知识回报家乡、服务父老乡亲、建设美好家园的使命感和荣誉感。

　　三是搭建干事创业平台，解决高校毕业生"干不好"问题。鼓励企业、高校、科研机构等与地方合作共建现代产业园区，支持基层政府立足自然、人文等特色优势，打造创业平台，吸引高校毕业生投身现代农业、生态保护、电子商务、文化旅游等事业。以县为单位，依托各级各类培训机构、大专院校、网络教学等资源，搭建学习交流平台，有针对性地对基层就业高校毕业生进行培训，帮助他们进一步提高能力素质和工作本领，更好适应基层工作。建立传帮带机制，让高校毕业生逐步了解基层、有效融入基层，把自身才能充分发挥出来。加大基层"放管服"改革力度，进一步向基层放权赋能，推动更多社会资源、管理权限和民生服务下沉。当前尤其应适当增强乡镇自主权，切实把乡镇建设为直接面向"三农"、服务"三农"的平台，为基层就业高校毕业生干事创业提供广阔舞台。

从发达国家农村金融体系看
我国农村金融机构改革

杨祎　　宋立　　袁鹰

发达国家农村金融体系以德、法、日等国最具代表性，经历上百年演变，逐步发展为以合作金融机构、社区银行等小法人为主体的多模式、体系化系统，实现了与农业经济的良性循环和自身可持续发展。借鉴相关国家经验，我国应立足小法人、坚持发展合作金融，探索中国特色农村金融体系。

一、主要发达国家农村金融体系以小法人为主体

（一）德国：合作金融为支柱的单一优势体系

合作银行是农村金融主体，储蓄银行和商业银行是补充。合作银行占农村金融机构总数的 70% 左右，分为三个层级，共属一个系统。最上层是德意志中央合作银行，中间是地区性合作银行，底层是地方合作银行。三级行都是独立法人，实行"自下而上"

入股和"自上而下"服务相结合，上级行对下级行没有行政管理权，不对外经营信贷业务，主要为体系内机构提供资金融通、金融产品和业务支持。

（二）法国：农业信贷银行为核心的半官方体系

法国农业信贷银行集团分为总行、省级行和地方行，其中省级行和地方行是合作金融体制。法国模式的上级行对下级行有行政管理权。最上层的中央信贷银行由财政部和农业部双重领导，有准官方性质。上下级行互相持股，治理上既有自下而上选举的合作制，也有总分行式的纵向管理。

（三）日本：依附于农业合作组织的伴生体系

日本农村金融主要由居于主导的合作金融和作为补充的政策性金融组成。其中，合作金融主要服务农户和企业，政策性金融主要承担农业基础设施投资。合作金融是农业合作社组织"农业协同组合"的附属系统，分为"农林渔"三个行业和"上中下"三层机构。各级机构互不隶属，上级机构主要为下级机构提供资金和业务指导。

二、主要发达国家农村金融管理体制具有共性

一是与农业生产合作组织联系紧密。"合作金融＋生产合作社"组合，为合作金融提供了"内生需求""场景依托"和"风控保障"，有利于金融与农业良性循环。日本基层信用社是封闭型，主要在农业合作社内部经营，日本最典型，合作金融是农业合作组织子系统。德、法基层合作机构是社区型，主要股东是合作社和农民，也有其他主体，业务上与合作社联系紧密。

二是由政府扶持逐步走向独立运营。发达国家政府在合作金

融机构发展初期是主要出资方，后随市场发展逐步退出。如，法国农业信贷银行由央行拨款成立，1988 年股份制改造后政府资本完全退出。德国政府在中央合作银行发展初期持股较多，目前仅余少量股份。日本农林中央金库由政府和省级农协出资设立，1959 年还清全部政府投资。

三是坚持基层法人地位的同时实施体系化发展。合作金融机构早期是分散个体，随着市场发展，"多而弱"的体系逐渐不适应，整合资源、增强协调、发挥体系优势成为现代合作金融重要发展趋势。各国在坚持发展基层小法人的同时建立了多层级体系。主要有两种模式：一种是德、日的"服务为主"模式，上级机构主要为下级机构提供资金融通和相关服务；一种是法国的"服务＋管理"模式，上层机构除了提供资金和服务外，还对下层机构进行管理。

四是坚守农业信贷主业的同时开展多元化经营。发达国家农村合作金融机构大多兼营商业金融和其他业务，既是为满足现代农业多元化金融需求，也是自身可持续发展需要。如法国农业信贷银行同时从事零售银行、资管、房地产、咨询等业务；德国合作银行还经营信用卡、证券等业务。

三、主要发达国家农村金融因国制宜、因时应变

一是合作金融系统基于国情和效率考量。德、法、日都属于单系统模式，这与其农业经济体量相对较小有关，单系统可以更好集中资源、提高效率。

二是根据需要对合作金融采取不同扶持措施。德、法、日除

税收优惠外，政府还给予资金补贴、贷款贴息、利差补偿等支持。这与其农业生产相对分散、回报较低有关，政府补贴对于合作金融可持续发展十分必要。

三是政府在合作金融发展中发挥不同作用。德国合作金融机构较独立，法国合作金融机构有"半官方"性质，日本介于两者之间，这与合作金融的角色差异有关。法国农村金融没有单独的政策性机构，农业信贷银行兼具政策性金融功能，因此政府介入管理是必要的。德国有专门的政策性金融机构，因此合作金融机构相对独立。日本合作金融体系依附于农协，因此受政府间接影响。

四、我国农村金融机构改革应立足发展小法人，坚持商业金融与合作金融两条腿走路

我国应借鉴相关国家经验，总结前期改革得失，因地制宜，建立有自身特色的新型农村金融体系。

一是农信社和农商行改革应保持县域法人地位。发达国家合作金融体系主体都是基层合作机构或社区银行等数量庞大的小法人，主要是为了保障基层机构治理独立性，确保资金大部分运用在农村。我国农信社和农商行改革也应坚持小机构、独立法人，不搞大规模兼并重组，保持现有机构数量基本稳定。

二是依托省联社建立多层次农村金融体系。从发达国家经验看，体系化发展是解决基层机构抗风险和服务能力弱、管理水平低等问题的有效途径。我国上一轮改革建立省联社符合国际趋势，但多层次体系没有真正建立，服务功能发挥不充分。应根据不同地区情况，构建不同形式的"省—县"两级农村金融系统。对于

县域机构发展较好地区，可借鉴德、日"服务为主"模式，将省联社改造为区域性农村金融服务机构，主要为县域机构提供资金和业务支持。对于高风险机构聚集、自身发展乏力地区，可借鉴法国"服务＋管理"模式，将省联社改造为区域性农村金融投资机构，为县域机构提供服务的同时，也作为地方政府参与高风险机构化险和治理的平台，强化其资本补充、风险处置、管理支持等职能。

三是结合农业生产形式探索新型合作金融。从发达国家经验看，合作金融作用不可替代。我国不同地区农业生产组织方式差异较大，应根据当地实际探索不同模式合作金融。农业生产合作较发达地区，可依托合作社发展封闭型合作金融。农业产业化程度较高地区，可探索合作金融和商业金融兼顾的新型机构。小农户为主地区可发展社区型合作金融。

四是进一步完善政府支持措施。对于农业发达地区，应更多发挥市场作用，适度引入社会资本，有序开展多元经营，促进可持续发展，政府发挥监督指导作用。对于农业欠发达地区，地方政府应发挥更积极作用。同时，借鉴发达国家经验，完善激励约束机制，设定投向当地农业最低资金比例、通过政策性金融机构提供批发资金支持、给予更优惠的货币、监管政策，以及更大力度税收减免。

三、拓展农民就业增收渠道

农民工"二次返乡"和本地就业难问题交织应统筹出台应对之策

包益红　　黄涛　　陈黎明

受疫情影响，今年以来不少农民工滞留家乡，近期部分农民工由于企业停工、减产还"二次返乡"。有课题组认为，农民工失业问题没有完全反映在城镇调查失业率的统计数据中，是一个尚未得到足够关注的紧迫问题。近期，我们对此进行了初步分析，并选择一些省份了解情况，现报告如下：

一、目前农民工外出务工率只有 3/4 左右。2019 年全国外出务工的农民工 1.74 亿人，比上年增加 159 万人。而截至今年 6 月底，外出农民工约 1.29 亿人，外出务工率约为 75%。

二、大量农民工滞留在家乡。截至 6 月底，全国滞留农民工（含未外出务工者、返城又返乡者）4335 万人，约 2700 万人尚无工可务。

三、"二次返乡"农民工人数持续增加。据有关机构大数据，截至 6 月底返城又返乡的农民工人数已达 964 万人，约占外出农民工总数的 7.5%，而 4 月初这一比例仅为 3% 左右。有的地方反映情况可能更为严峻。据一些务工又返乡的农民工反映，"二次返乡"大概占当地外出农民工人数的 10%—20% 左右。在返乡农民工中，超过四成从京津冀、长三角、珠三角地区流出。

四、"二次返乡"农民工主要在本地零散就业。 截至 6 月底，返城又返乡农民工中 285 万人选择在家乡再就业。据基层反映，"二次返乡"后很难找到相对稳定的工作，创业者比例很小。西南某市返乡的农民工主要在当地从事建筑业零工。中部某县返乡农民工当中，80% 选择务农兼周边打零工，其他自行创业或闲在家中。

五、农民工失业和收入下降情况可能超出预期。 据统计，6 月份城镇外来农业户籍人口（主要是农民工）调查失业率为 5.5%，比去年同期高 0.7 个百分点。由于不少农民工找不到工作就返乡，失业率可能被低估。有关调查显示，农民工失业比例为 19.2%。农民工就业集中的几大行业，包括纺织轻工、餐饮旅游、批发零售等，遇到复工迟滞、订单萎缩等困难，很多人只能拿少量基本工资或休无薪假。该调查还表明，近一半农民工月收入较去年同期下降，其中月收入减少 3 成左右的占比 21%。从我们对一些企业的调研看，实际收入下降幅度更大。

农民工就业是关系脱贫攻坚、农民增收、社会稳定的大事。当前，我国经济呈现回稳趋势，但复苏基础并不牢固，就业压力巨大，农民工就业难尤为突出。促进农民工就业，当务之急是加快落实相关政策，推动疫情防控常态化背景下复工达产，同时研究新的支持措施。

一是加强对农民工就业失业监测。 及时掌握返城又返乡的农民工规模，特别是返乡未就业农民工的情况，为政策制定提供依据。扩大定点监测村的数量，提高抽样监测数据的准确性。建立健全就业大数据信息平台，有效整合部门、地方和市场机构就业信息资源，提高劳动力供需两端的信息透明度，减少信息不对称的问题。

二是最大限度保住农民工现有就业岗位。对吸纳农民工就业量大的市场主体，特别是对中小微企业进一步延长社保费减免期限，研究对大型劳动密集型企业实行社保减免政策。对困难企业申请缓缴相关税费提供便利，延长工程建设项目暂缓缴存农民工工资保证金期限。对于为建档立卡贫困户稳岗、增岗的企业，以及稳定和扩大农民工就业多的企业，研究从财政、社保基金储备等资金中拨款，予以专项直达支持，发放定额补偿性工资或其他稳岗支持。

三是进一步拓宽返乡留乡农民工就业渠道。加大小额融资、技术辅导等支持，鼓励返乡农民工以创业带动就业。对积极返乡创业、有一技之长、有经营管理经验的农民工，运用人民银行普惠小微企业贷款延期支持工具和普惠小微企业信用贷款支持计划，予以相应支持。对农民工创业贷款，加大政策性担保支持，阶段性豁免担保费。扩大以工代赈规模和项目实施范围。对建档立卡贫困户、就业难度大的农民工，就近开发一批水管护路、生态护林等临时公益性岗位。提前实施一批农田、水利、河道疏浚、村镇公路等农村基础设施政府投资改造项目，鼓励民营企业投资建设加工组装、冷链物流、人居环境等项目，吸纳更多农民工就业。

四是加强技能培训提升再就业能力。落实好企业开展在岗和待岗农民工以工代训支持政策，简化培训补贴申请手续。对外贸、住宿、餐饮、文化、旅游、交通、运输、批发零售行业农民工培训，大幅提高直接补助标准。以输入地为主，组织转岗和失业农民工开展定向定岗培训，围绕市场急需紧缺职业，支持开展建筑、机械、维修、家政、养老、餐饮、保安、物流等适合农民工就业的技能培训，以及快递员、网约配送员、直接销售员、汽车代驾员等新职业新工种培训。以输出地为主，组织返乡农民工开展就业创业培训，促进农民工就近就业创业。

加快乡村旅游恢复发展
促进农民就近就地增收

梁希震　　刘一宁

乡村旅游作为农村"双创"催生出的新产业，既是当前促进农民增收不可或缺的重要新动能，也是在常态化疫情防控中扩大内需的有效着力点。受疫情影响，现在农村还有不少返乡农民工难以返岗就业，亟需加快恢复发展乡村旅游等新产业，促进城乡居民消费潜力加快释放、拓宽农民就地就近增收渠道。

一、乡村旅游带动面广、适应性强，加快恢复发展正当其时

乡村旅游是农村一二三产业融合发展的重要纽带，能够带动乡村一系列产业复产复市复业。乡村旅游业上连特色种养、乡村手工业等实体产业，下接休闲观光、产品销售、农事体验等服务行业，是推动乡村一二三诸多产业复产复市复业的关键环节。比如，农家乐恢复和发展起来了，就能带动相应的特色种养业、乡

村手工业、农产品流通业、餐饮住宿业等恢复和发展，就能在农村创造大量就业创业机会。据统计，2018 年乡村旅游营业收入超过 8000 亿元，直接从业人员 1100 万人，带动受益农户近800 万户。

乡村旅游契合当前城乡居民消费需求，具有很大发展潜力。随着城乡居民生活水平不断提高，对旅游休闲的需求增长很快。据有关方面测算，2018 年国内游、出境游人数分别达到 55.4 亿人次、1.5 亿人次，2016—2018 年三年间年均增长率分别达到 11.5%和 9.1%。今年因为疫情影响，很多城乡居民居家长达两个多月，休闲度假需求亟待释放。清明前一周，某旅游平台国内景点门票销量环比增长 114%；清明节假期，黄山景区一度人满为患、两次启动限流分流措施。目前，境外疫情仍在扩散蔓延，出境游不可行，跨省长途出游也受到限制，到城市周边的乡村去休闲旅游就成为许多城乡居民的不二选择。

乡村旅游移动距离近并且基本在户外活动，完全能够在常态化防控中加快恢复和发展。乡村旅游的主要目的地，大都分布在大中城市郊区及其周边市县，城乡居民一般可自驾车抵达，不用乘坐火车、飞机等密闭交通工具，可以避免长途旅行存在的疫情传播风险。同时，乡村旅游场所较为分散，很少会出现人群聚集，完全符合常态化疫情防控的要求。现在全国大部分地区都已进入适宜出游的季节，加快恢复和发展乡村旅游也正当其时。

二、恢复和发展乡村旅游面临不少困难和制约，亟需加大支持力度

近年来，受用地难、贷款难、环保整治"一刀切"等影响，

乡村旅游发展已经出现明显放缓的势头，是导致农业农村投资由连续多年较快增长转为负增长的一个重要原因。这次疫情又给乡村旅游造成较大冲击，进一步增加了经营难度，使许多经营主体不堪重负、难以为继。突出表现在两个方面：

一方面，疫情造成的减收增支甚至只支不收，使乡村旅游经营主体普遍缺乏恢复营业的必需资金。前期由于疫情影响，乡村旅游业基本全部停业，不仅没有营业收入，损失了不少食材，并且还要支付利息、租金、水电气费等成本，许多经营者的资金链已经断裂。许多经营主体反映，解决资金短缺是恢复和发展乡村旅游的当务之急，如果没有外部资金注入，根本无法恢复营业。

另一方面，一些地方不合理的限制措施不仅没有取消甚至还在加码，使有实力的乡村旅游经营主体也不敢及时恢复营业。虽然目前绝大部分县（区）都处于疫情低风险等级，但仍有一些地方为追求万无一失而采取诸多不合理的限制措施。比如，西部某县就要求，农家乐、乡村民宿等经营主体必须先申报，经市场监管、公安、卫生健康、文化旅游等部门联合审查和现场核查合格后方可恢复经营，并要对从业人员进行政审。这些不合理的限制措施，既影响了经营主体复工复业进度，也加剧了城乡居民对乡村旅游的恐慌心理，影响了正常的客流。不少经营主体反映，现在恢复营业是"两头怕"，既怕落实防控措施有疏漏、出了问题责任担不起，又怕客流量上不去而成本增加那么多、恢复营业亏不起。

三、在常态化疫情防控中加快乡村旅游恢复发展的建议

一是加大对乡村旅游经营主体的金融支持力度。乡村旅游经

营主体大都是现金流较为紧张、缺乏有效抵押物的小微企业，依靠正常的途径根本无法获得金融支持。建议在加快落实好对中小微企业的税收、社保减免及延期缴纳等扶持政策基础上，引导金融机构开发针对小微企业的免抵押信贷产品、采用延长还款期限和无还款续贷等方式，帮助他们解决资金问题、尽快恢复营业。

二是加快取消对乡村旅游的不合理限制措施。中央已经明确，低风险地区要及时取消与正常生产生活秩序不相适应的防控措施，不得采取审批、备案等方式延缓企业复工。建议督促各地抓紧梳理现有防控措施，尽快取消和调整不合理的审查、证明等限制措施，减少对经营主体的过度捆绑。同时，积极帮助经营主体解决防疫物资短缺等问题，支持其有序恢复营业。

三是强化乡村旅游发展的用地保障。今年中央一号文件已经明确，将乡村产业发展建设用地纳入新编县乡级国土空间规划予以保障。建议有关部门抓紧制定支持乡村旅游用地的具体政策意见，支持地方探索实行点状供地、用活用好农村集体建设用地、盘活闲置宅基地等方式，解决乡村旅游发展的用地难题。

四是进一步改善乡村旅游基础设施条件。尽管近年来农村水、电、路、网络等基础设施条件明显改善，但与乡村旅游业发展需要相比，还有不小差距。建议结合农村人居环境整治，加大乡村旅游基础设施建设力度，特别是加快乡村旅游点厕所改造，既可提升乡村旅游对城乡居民的吸引力，又能改善农村卫生状况。

实现恢复生猪生产目标任务
亟需加大对中小养殖户支持力度

梁希震　　张顺喜　　贺达水

受非洲猪瘟尚未根除等影响，今年恢复生猪生产的难度本来就很大，突如其来的新冠肺炎疫情又冲击了正常的生猪生产经营，导致养殖户补栏扩产受阻，特别是规模养殖场新建和改扩建项目难以及时复工投产，补栏扩产计划被迫往后推迟，相当部分新增生猪产能不能及时落地。如果不抓紧采取措施弥补扩产缺口，原定到今年年底生猪产能基本恢复到正常水平的目标就很可能会落空。现在生猪集中补栏期很快就要过去，亟需在加快推动规模养殖场复工达产的同时，切实加大对中小养殖户的支持力度，通过大中小型养殖场户共同发力，全面促进生猪生产恢复，夯实猪肉保供稳价基础。

一、新冠肺炎疫情冲击生猪正常生产经营，恢复生猪生产面临不少变数

去年以来，在一系列政策措施的推动下，生猪生产恢复特别是规模化养殖场补栏扩产取得了积极成效，但生猪总产能仍然明显偏低、生产恢复还比较脆弱。据有关专家测算，在没有异常因素影响的情况下，今年年底生猪产能可以恢复到正常年份的80%左右。也就是说，如果遇到异常因素，今年恢复生猪生产任务就很可能完不成。但年初即遭遇新冠肺炎疫情，不少地区饲料和仔猪供不上、防疫员下不去、屠宰加工企业停产、猪肉运销受阻，给生猪补栏扩产造成很大困难，也影响了养殖场户生产积极性。中国农科院的一项调查结果显示：在疫情对养殖户补栏影响上，23%的养殖场户认为有较大影响，39%认为有一定影响，认为没有影响的仅占38%；在对后续发展生产影响上，22%的养殖场户表示将退出养殖，54.5%表示将保持现有规模，17.5%表示将小幅扩产，有大幅扩产意愿的仅占6%。

尤其需要引起重视的是，新冠肺炎疫情还导致一些规模养殖场扩产计划不能及时落地。不少生猪养殖龙头企业反映，受资金链紧张和建筑用工、建筑材料短缺等制约，新建和改扩建养殖项目不能及时复工投产，原定的扩产计划年内可能实现不了。在这一轮猪周期中，规模养殖场率先恢复，并且成为稳产保供的主要力量。如果不能及时补上疫情造成的规模养殖场扩产缺口，将很难如期完成今年恢复生猪生产任务。

二、后期猪肉保供稳价压力有增无减，实现今年恢复生猪生产目标任务不容有失

今年 2 月份，猪肉市场价格同比涨幅高达 135.2%，推动 CPI 上涨约 3.2 个百分点，占 CPI 总涨幅的 62%。近期猪肉价格虽然有所回落，但价格水平仍然偏高，后期保供稳价压力将有增无减。从猪肉供应数量看，据有关方面测算，即使如期实现恢复生猪生产目标，全年国内猪肉产量仍将比去年减少 400 万吨左右。此外，由于近期德国、西班牙、巴西等主要猪肉出口国新冠肺炎疫情趋于严重，猪肉可贸易量预计出现萎缩，全年猪肉进口量可能少于去年。从禽肉等替代品生产供应看，受疫情冲击，鸡苗供应大量减少，水产品清塘投苗严重受阻，禽类和水产品对猪肉的替代能力将低于去年。有专家预计，四五月份鸡肉供应将会明显偏紧、价格会达到高峰，并与猪肉涨价形成叠加共振。从猪肉消费需求看，前期因受新冠肺炎疫情影响，猪肉消费需求明显减少，后期随着经济社会秩序逐步恢复，特别是餐饮消费的复苏，猪肉消费需求将增加，加剧保供稳价压力。

还要看到，当前经济社会发展形势十分严峻，越是在这种情况下，猪肉保供稳价越不能出问题。否则，就会影响物价稳定、预期稳定、社会稳定。应切实采取有效措施加快化解疫情影响，确保如期实现今年恢复生猪生产目标任务。

三、中小养殖户加快恢复生猪生产有基础、有潜力，变成现实亟需加大政策支持力度

中小养殖户本来就是恢复生猪生产不可替代的重要力量，虽

然近年来有许多退出了生猪养殖，但生猪出栏量占全国总出栏量的比重仍然高达 44%。尤其是 2018 年非洲猪瘟在我国发生以来才退出的中小养殖户，他们的圈舍等养殖设施大多还在，可以随时恢复生猪生产。充分挖掘这方面的生产潜力，有利于弥补规模养殖场的扩产缺口，加快生猪生产恢复进度。现在迫切需要解决的是，如何尽快消除他们对经营风险、疫病风险等的担忧，帮助他们破解资金、环保等难题。为此建议：

一是将扶持规模养殖场的部分政策措施扩展到中小养殖户。在去年推出财政、金融、用地、环保等支持政策"组合拳"的基础上，近期有关部门又出台了一系列支持生猪生产的政策措施，包括增加生猪大县奖励资金、将养殖场户贷款贴息补助范围由年出栏 5000 头以上调整为 500 头以上、鼓励地方扩大生猪价格保险试点等措施。建议有关部门对现有支持政策措施进行系统梳理，将贷款融资、生猪养殖保险、防疫服务、粪污处理补贴等政策措施加快扩展到中小养殖户，切实解决制约中小养殖户恢复生猪生产面临的"不敢养""养不起"等问题。

二是引导龙头企业带动中小养殖户加快发展生猪生产。这不仅有利于加快恢复生猪产能，还能有效降低中小养殖户经营风险，减少生猪生产"大起大落"。建议通过以奖代补的方式，引导大型养殖龙头企业通过"公司＋农户"等经营方式，为中小养殖户提供专业化、社会化的服务，带动他们共同加快发展生猪生产。

三是将发展生猪生产纳入农村"双创"的支持重点。目前仍有不少农民工尚未返岗，其中有不少打算留在家乡就业创业。返乡农民工大多懂市场、会经营，并且有一定资金积累，通过在领办养猪合作社、发展畜禽产品流通销售、提供养殖粪污治理服务等方面开展创新创业，既能够有效促进生猪生产恢复，还可以实现就近就地增收。建议将发展生猪生产纳入农村"双创"的支持重点，在一次性补贴、经营场所补助和创业担保贷款贴息等方面进行倾斜支持。

恢复生猪生产支持政策落实力度还需加大

刘一宁

  为了解当前生猪生产恢复支持政策落实情况，近期我们对 14 个省的 50 家生猪养殖企业开展了线上问卷调查，并对部分企业负责人进行了深度访谈。总的感觉是，去年以来出台的一系列支持生猪生产恢复政策，完全符合养殖企业的需求和愿望，对促进生猪补栏增养效果十分明显。但同时也发现，还有部分支持政策没有完全落实到位，导致不少养殖企业扩大生产仍然困难重重，影响了生猪生产恢复进度。主要有三个方面：

  一是部分用地保障政策难以真正落地。为解决生猪养殖用地难问题，去年以来有关部门先后出台了多项用地保障政策。但有 60% 以上的受访养殖企业认为，这些支持政策对解决养殖用地难题的实际作用相当有限。比如，在新建规模养殖场用地上，虽然"允许在不占用永久基本农田的前提下使用一般耕地"，但由于现在适合养殖用的土地上大多分布有"插花"式的小片基本农田，不占用这些所谓的基本农田，很难找到连片的养殖用地。在建设养殖配套设施用地上，虽然明确了"养殖设施用地包括养殖生产及直接关联的粪污处置、检验检疫等设施用地"，但没有明确是否包括洗消中心、转运站、畜禽有机肥厂等配套设施，实践中不少地方现在还是不能作为设施农业用地备案，就是让作为设施农业用地备案的地方，手续办理也极为复杂。在建设多层养殖设施上，虽然已经明确"养殖设施允许建设多层建筑"，但省市县层面都尚未出台相关实施细则，想申报智能养猪高楼建设项目也不知道找谁办、如何办。

二是部分金融支持政策的到位率较低。有 55% 以上的受访企业认为生猪养殖行业融资困难问题还很突出，48.9% 的受访企业认为目前的保险品种难以满足需求。究其原因，他们普遍认为是金融机构和地方政府落实中央政策不积极，导致部分支持政策到位率低。比如在拓宽抵质押品范围上，虽然早在去年 9 月国务院办公厅下发的《关于支持做好稳定生猪生产保障市场供应有关工作的通知》就明确提出"拓宽抵质押品范围"，但现在养殖企业的流转所得土地和生猪活体等资产仍然得不到银行认可，不能作为合格的抵质押品去融资。在"贷款贴息或免息政策"上，按照养殖企业负责人提供的数据，14 个省份的政策落实到位率平均为 44.7%，其中一个传统生猪养殖大省的覆盖率更是只有 14%。

三是环保限制措施执行严、支持政策落实少。超过 60% 的受访企业认为，地方政府在环保方面对养殖企业的要求过严、限制过多，而支持帮助企业转型发展的政策措施很少。比如，对禁养区内保留下来的规模养猪场，很多地方一律禁止其进行提档升级改造，扩大养殖规模不仅得不到政策支持，而且还会被强制拆迁。对企业开展养殖粪污资源化利用，要求很严格，达不到就要关停，而相关支持政策的覆盖面却很小，其中"粪污处理配套土地政策"的覆盖率只有 25.5%，"粪污资源化利用奖补政策"的覆盖率仅为

29.8%，就是"病死猪无害化处理补贴"这项要求全覆盖的支持政策，实际覆盖率也只有 42.6%。

今年恢复生猪生产关系十分重大、任务十分艰巨，对落实好各项支持政策的要求很高。虽然调研发现的问题只是局部地区、部分支持政策落实中存在的问题，但也需要引起重视，切实加以解决，避免因政策落实不到位而影响恢复生猪生产目标任务完成。具体建议如下：

一是进一步细化实化相关支持政策。对于支持政策落实到位率不高的原因，70.2% 的受访企业认为是"有关部门对政策理解不一致"，53.2% 的受访企业认为是"执行机制不顺畅导致政府部门相互推诿"。建议有关部门根据实际落实情况对相关支持政策进行梳理，对容易出现理解偏差和相互矛盾的地方进行修改完善，对操作性不强的尽快制定实施细则，确保支持政策能够真正落地见效。

二是进一步压实地方特别是基层政府的落实责任。有 40.4% 的受访企业认为，"地方主要领导重视不够"是政策执行不到位的原因。政策的生命力在于执行，执行的主体是地方基层政府部门。如果政府主要领导不重视，政策落实就会大打折扣。建议从考核、问责、转移支付等方面，全面加强对地方政府领导抓好政策落实的激励约束，切实解决政策落地"最后一公里"的问题。

三是进一步加大政策宣传力度。超过一半的受访企业认为政府政策信息难以获得，甚至还有超过一成的企业负责人完全没有听说过当地政府对生猪生产有支持政策。建议有关部门加大政策信息发布力度，通过多种方式进行宣传和解读，让支持政策家喻户晓，变"企业找政策"为"政策找企业"。

养猪贷款为什么还这么难

贺达水　　刘一宁

　　为加快恢复生猪生产，各地各有关部门积极引导金融机构加大支持力度，生猪养殖贷款实现较快增长。但不少养殖户仍反映贷款难，甚至还有存栏百万头的大型养殖企业也因为缺少抵押物而"求贷无门"，新建、改扩建养殖场计划受阻。出现这样的问题，主要原因有：

　　一是非洲猪瘟风险居高不下。今年以来，各地累计报告了14起非洲猪瘟疫情，多为跨区域调运时发现。但业内人士判断，疫情真实情况可能要比官方报告情况严重得多。现在一些地方发现疫情后，未经检测便让养殖场户自行处理，能不报就不报。这样做，养殖户的损失减少了，地方政府补助支出节省了，但非洲猪瘟扩散的风险却大大增加了。某国有大行东南某省分行根据上游饲料企业的饲料销售数据和下游屠宰企业的生猪屠宰数据估算，目前该省的生猪存栏仅恢复到正常年份的30%—40%，低于60%—70%的预期进度，主要就是因为非洲猪瘟疫情导致产能减损。银行人士坦言，现在生猪价格这么高，养猪既是暴利行业，更是高风险行业，碰上非洲猪瘟可能就血本无归，银行放贷肯定有担忧，动物疫情是养猪贷款难的最突出因素。

二是缺乏有效贷款抵质押物。去年，相关部门下发通知，支持部分地区开展土地经营权、养殖圈舍、大型养殖机械和生猪活体抵押贷款试点。但从银行角度看，养殖相关资产难以作为有效抵质押物。像养殖场土地绝大多数是流转的农用地，养殖场户只有一定年限的土地经营权，不拥有土地证，很难办理抵押。养殖圈舍和养殖机械资产专用性比较强，难以便捷处置变现，银行不愿认定为合格抵质押物。唯一试点有所突破的生猪活体抵押贷款，最高额度为500万，这只够建小型猪场，无法满足大中型猪场拆迁、建设等动辄数千万元的资金费用需求。而且生猪活体数量核实和抵押处置对银行是个难题，特别是当前养殖场出于动物疫情防控需要，大都禁止信贷人员进场清点生猪，这进一步降低了银行发放抵押贷款的意愿。

三是贷款担保保险手段不足。在信贷担保方面，省级农业信贷担保公司提供的担保额度和覆盖面普遍偏小，满足不了养殖户新建养殖场资金需求。在风险补偿方面，一些地方政府未将生猪养殖纳入中小微企业贷款风险补偿金支持范围，无法用财政资金杠杆撬动银行信贷资金。在保险保障方面，生猪政策性保险保额和覆盖面仍需进一步提高，生猪价格保险试点还有待在取得经验基础上加快推开。实际上，"信贷＋保险"有助于解决银行贷款风险问题，如一些商业银行和财险公司合作推出生猪活体贷，银行和保险公司按照3∶7的比例共担信贷风险，尽管养殖户须承担1.5%的保费成本，但由于养猪利润率高，养殖户仍很欢迎。但一些地方监管机构机械执行"银行业金融机构在发放贷款时不得搭售保险等金融产品"等规定，在缺乏抵押物又没有保险保障的情况下，银行更加不敢贷。

四是纳税少导致信用贷款额度低。一些国有大行针对中小企业推出无需抵押担保、利率相对优惠的普惠型贷款，发放额度与企业纳税额挂钩，如农行规定普惠型信用贷款额度上限是上一年度纳税额的6倍。由于生猪养殖企业一般只须缴纳企业所得税，纳税额偏低，相应的银行信贷评估系统所给的贷款额度就低。一些养殖企业反映，申请到的普惠型信用贷款只有几万到几十万元，只能作为购买饲料的流动资金，如用于扩建养猪场、扩大生猪产能则根本不够。

当前恢复生猪生产处于极为关键的时点。随着复工复产复学全面推进，下半年猪肉消费需求可能大幅增长，保供稳价面临更大压力。建议应采取更有针对性的措施解决好养猪贷款难问题，进一步增强生猪养殖场户扩产积极性，助力完成恢复生猪产能目标任务。具体建议如下：

（一）加大非洲猪瘟防控力度。相关部门和地方应坚持不懈把防控非洲猪瘟作为一项突出任务来抓，聚焦养殖、屠宰、流通、加工、无害化处理等环节，全方位加强疫情监测防控。对发生的非洲猪瘟疫情，应参照欧盟等国际经验，发现一起扑杀一起，方圆三公里以内生猪全面开展病毒检测，发生过疫情圈舍5个月内不能复产，全面加强入市猪肉检验检疫，重拳出击消除隐患。应旗帜鲜明对疫情报告情况实施奖惩，对及时、如实、准确报告疫情的要奖励并尽快兑现扑杀补助和无害化处理补助资金，对瞒报、漏报、迟报疫情的政府部门责任人要严肃问责，对隐匿疫情不报、违规屠宰销售的相关企业负责人要依法追责。

（二）拓宽生猪养殖抵质押品范围。生猪养殖缺乏抵质押品，单靠商业银行解决不了问题，单靠金融监管部门也不容易解决，还需要其他相关部门通力配合。比如，解决养殖场土地经营权抵押难问题，需要自然资源、农业农村、银保监等部门协调出台可操作的实施细则。建议明确牵头部门，把拓宽抵质押品范围试点工作做实做细，已有经验应加快推广。

（三）积极创新金融支持生猪生产的方式。监管部门对"信贷＋保险"等支持生猪生产的金融产品创新应提高监管容忍度，只要资金成本和风险控制在合理范围，不应简单限制或问责金融机构。省级农业信贷担保公司和政府风险补偿基金，应加大对生猪养殖的支持力度，充分发挥"四两拨千金"的杠杆作用，引导金融机构加大信贷资源投放。

（四）用好普惠型信用贷款支持生猪生产。普惠型信用贷款额度与企业纳税金额挂钩有一定合理性，但也应考虑产业特殊性和行业发展政策。某国有大行相关负责人介绍，目前生猪养殖贷款不良率为 0.9%，明显低于全行贷款平均不良率，当前恢复生猪生产又是非常紧迫的任务，适度放松生猪养殖贷款从银行风控的角度说也是合理的。建议改进将普惠型信用贷款额度与纳税金额完全挂钩的做法，使信用状况好的生猪养殖户能够获得较高的信用额度。